U0583994

长琴之咏

CHANG QIN ZHI YONG

吴善珍 —— 著

九 州 出 版 社 JIUZHOUPRESS | 全国百佳图书出版单位

图书在版编目（CIP）数据

长琴之咏 / 吴善珍著. -- 北京 ：九州出版社，
2025. 1. -- ISBN 978-7-5225-3513-5

Ⅰ. K825.76

中国国家版本馆CIP数据核字第2025SW3270号

长琴之咏

作　　者	吴善珍　著	
责任编辑	郝军启	
出版发行	九州出版社	
地　　址	北京市西城区阜外大街甲 35 号（100037）	
发行电话	（010）68992190/3/5/6	
网　　址	www.jiuzhoupress.com	
印　　刷	北京市北方华天彩色印刷有限公司	
开　　本	850 毫米 ×1168 毫米　32 开	
印　　张	9.125	
字　　数	186 千字	
版　　次	2025 年 2 月第 1 版	
印　　次	2025 年 2 月第 1 次印刷	
书　　号	ISBN 978-7-5225-3513-5	
定　　价	66.00 元	

目　录

第一章

相　识

等待相识

此刻看书的读者可以试着想象，自己正坐在某个演出现场等待一位演奏家开始表演。

台上的他拿起一件乐器就要开始演奏，您期待着即将飘扬起来的热烈感人或是优美迷人的音乐。

乐器一响起来，顿生一种奇怪的感觉，这次听到的声音跟以往听到的乐器声音怎么都不一样呢？每种乐器不一样，本来也是理所当然，主要是今天体验了一种无法预料。在这个琴声里亲切感和陌生感是混合在一起的，什么乐器啊这么奇怪？

这本书要介绍的，就是一件很特别的乐器——雷琴，还有用这件乐器表演过无数次的手法独特的演奏家。

听说过雷琴这种乐器吗？这是一种我们中国的民族乐器，是一件比较奇异也可说有那么一点奇怪的乐器。

首先这是成功音乐家的故事。介绍您认识一位民族音乐家、雷琴演奏家王华杰。王华杰为之拼搏努力了长达六十多年的人生目标，就是雷琴事业。

2007 年，"雷琴拉戏"的专项申报获得了人们期待已久的批准，在中国天津，列入了"天津市非物质文化遗产"项目。

从 20 世纪到 21 世纪，对于几代"雷琴人"来说，这时候也算是可以大舒一口气了。

但这还仅仅是雷琴队伍在新时代迈开的第一步。要让雷琴拉戏这一项民族音乐艺术获得更广泛的影响力、更多的认可，仍然是几代音乐人需要持续努力的事业理想。

雷琴事业很顽强，又有些孤独的挣扎，从 20 世纪初到 21 世纪的现在，这群人已经坚持了一个世纪了，雷琴的奋斗竟有这么久了吗？

其实，它还恰恰是中国民族乐器里面最年轻的一个品种，它仍然处于用力前奔的行程之中。

少年时代的王华杰，最早是被雷琴这一款乐器强烈地吸引住了。继而接近、学习、钻研、发扬，从而让自己成为一名雷琴的追求者与使者，或者说他已经跟雷琴化为了一体。雷琴以它自身特质独立于世，而王华杰是把自己这辈子的天赋、真情和年华统统献给了雷琴独立于世的音乐。

独具才情的雷琴演奏家王华杰是民族音乐家、教育家王殿玉先生的第一代传人，是王殿玉的几名亲传雷琴弟子之一。王华杰也成了王殿玉先生的"关门弟子"。

王华杰的雷琴音乐在长达半个世纪的表演中声声动人，屡屡成功，在国内外都获得了人们的欢迎和厚爱。

王华杰曾任中国音乐家协会雷琴研究会会长、中国音乐学院国乐系客座教授和上海音乐学院特聘教授。除了演出，他还为传承雷琴事业、为民族音乐的发扬，潜心培养后继人才，常年不懈地奉献自己的热忱与心血。

努力耕耘出这些文字的笔者，本是王华杰几十年的多名友人之一。写他是珍视友情，但更重要的是决心做一件有价值的事情。在多年的司空见惯之中，我不知不觉开始仔细观察起这个熟人。一年又一年，其实物理距离上离开王华杰是越来越远了。越远了，反而看得更清楚了，从服气、感动，一直到不得不敬佩其人。因为要写他，近几年交流彼此更多起来，直到 2024 年的今天，时不时会感觉似乎仍然在跟他对面交谈。

想让更多的人知道王华杰，了解他欣赏他，所以有了这本书。大致按照时间顺序讲吧，有时候会打个岔，实在是思绪太多了。

早在 1955 年，年仅 14 岁的王华杰就投身著名民族音乐家、音乐教育家、雷琴创始人王殿玉先生门下，开始学习雷琴、古琴，还有古筝。

1985 年，王华杰以本人原创作品《穆斯林的婚礼》和《农家乐》参演了加拿大温哥华"亚太艺术节"及卡尔加里"第二届国际艺术节"。

其后他又随演出团出访了中非、西非、法国、美国等国家及地区，进行了多场演出。

远从 1959 年开始至今，王华杰的雷琴独奏表演在国内国外，在各种演出现场，博得了来自不同观众的共同喜爱，无一例外地引发了音乐界和媒体的关注。

王华杰的代表作雷琴独奏曲《穆斯林的婚礼》已收录于《中国民乐大系》雷琴专辑。王华杰生平事迹已经收入《中国音乐家名录》《中国文艺家传集》等书籍。

接地气的音乐植物

这本书同时又是一种神奇乐器的传记。

神奇，不因为它是天下皆知的那类乐器，是由于它至今仍是不为大多数人所知的一个存在。

放下这本书，您可以试着向周边打听一下。这一件中国的乐器，不仅外国人不知道，特别多的中国人也从来没听说过。

说起来似乎有些矛盾？

一方面，喜欢王华杰的演奏，也喜欢雷琴的，大有人在。

可是另一方面呢，这些喜欢雷琴的人，却又是茫茫人海中的少数。

王华杰，他这辈子最迷恋的是什么？

没别的，就是雷琴啊。据说，因为它演奏起来的声音如雷贯耳，所以如此命名。

这是一款独特的中国民族乐器。这个拉弦乐器，它只有一根弦，而且拉琴时还只用一根手指按弦。因为演奏起来不换弦也不换手指头，它的声音十分连贯和流畅，还有就是特别神似人声唱腔。

它的表现功能丰富多面。它可以独奏，又可以合奏，它的优长之处除了非常生动地模拟人声、特别擅长戏曲唱腔的表现之外，还能模拟自然界的各种声音，风雨雷电，虫鸣鸟叫，并

宁夏拥军演出

中国音乐学院雷琴艺术讲座

中国民族管弦乐学会工作中

上海音乐学院雷琴艺术讲座

且能模拟许多别的乐器的音色。

茫茫人海，茫茫琴海，王华杰为什么会遇到这个奇特的乐器呢，这个琴的一根弦，是怎样从人世间的深远之处长长地伸出无形之手，一把就抓住了王华杰，就此抓住了他的一辈子？

为什么偏偏是他和它？

其中缘分，绝不是偶然的。

我是在一个平凡的日子里结识了王华杰这位不平凡的演奏家。从什么时候开始熟悉的呢？记不起来了。我到他家去过多少次，也估摸不出来了，但有一个印象是最清晰的，就是每次到了王华杰家里，每次见他，都像是第一回见。

我说的，并不是第一回见他本人。

我总是不由得就盯住了挂在墙上的一把乐器看上半天。

尽管也像各种类型的中国拉弦乐器那样，它也是拥有琴筒、琴杆、弦轴、拉弓等，可它到底是什么呢？

它本是主人股掌之中凡常物品，却又是以心血供奉的神物。我明白了：在漫长的岁月之中，这一人，这一物，彼此已经心脉相通，筋骨紧连，两者之间一定有他们自己才懂的密切对话，不与人言说，不与外人道啊。

作为多年的朋友之一，我在很多方面也是熟知这把琴的主人了，在共同的时代和环境里是多年同事，在某些特定的方面我跟他是会有一些类似感受的。

会有那种意识恍惚的神秘时刻。当独自面对着静静躺在盒子里的一件乐器，突然感觉到它的灵魂跃跃欲出，它在想什么？它是要跟人说话吗？

人跟人，有各种各样的不可比。而这琴跟琴，就是更没办法相比的。

我手里的这把琴，只不过是世界上多少千多少万都远远不止的人手里拿过的，演奏或是娱乐，熟练或是生涩。

而王华杰手里的那把琴，会操持它的人，这世界上目前顶多就几十一百？绝对没有更多的人了。

而且在 21 世纪的近期得到的信息是，手里拿着它发声的人已经比之前更加少了，少之又少了。

他的琴，他们的琴，就是雷琴。

王华杰最崇拜的是什么？

毫无疑问，那就是神奇乐器雷琴的创始人王殿玉先生。

出身中国民间的聪明的音乐家王殿玉，在 20 世纪 20 年代，亲手将中国的一种民族乐器坠胡改制成了独具特色的雷琴。

对于一把乐器来说，这改制的"工程"甚至有些突兀，几乎是脱胎换骨，类似"基因"重组了。

王殿玉和他的雷琴，成就了他自己的一生，更成就了中国民族音乐的一项事业。这项音乐事业的历史已经成为如今仍然真实的现实。

进入了 21 世纪，王华杰还是那个王华杰。他已经行走在人生的七旬与八旬之间，而他仍然是每天都离不开他挚爱的乐器，手里握着那把琴，中国琴，雷琴。

雷琴在他的手里，仍然发出奇妙的声音，得心应手。作为一名中国乐器的演奏家，他自信自豪，因为中国的琴、中国的民族音乐。雷琴，这是王华杰一辈子的热爱与热衷。

年纪大了，雷琴在他的手里，有时候或许没有他年轻时那么听话了，但是他越来越读懂了雷琴的灵魂。天天练琴，常会有新的发现。

他要求自己，努力向师父拉琴的境界靠近，再靠近。

当年师父在他面前拉琴，王华杰一边听着，一边看得呆了。这把琴好像成了师父身体的一部分，成了师父的手，成了他的嗓子，他的表情，甚至他的眼神。人和琴融为一体，人和琴，分明已经有了几辈子的缘分。

所以，这琴，怎么能不听师父的话呢？

王华杰永远崇拜师父，崇拜雷琴，崇拜这个独特的境界。

雷琴的境界，是他全部身心投入的境界。

大世界之独一无二

您可能不太相信对雷琴的这一番渲染吧，希望有机会您听到它的声音，一听您就知道了。希望您有机会也听到王华杰的雷琴演奏，一听您就知道了。

灯光一团一团迅速地铺展开来，温度亮度铺展开来。

这是为特殊职业的人们准备的一方天地，这是舞台，是在人世间，又不同于一般的世间。

高大身材的王华杰迈大步走过去，在空旷而安静的聚光中心静静地坐下来。之后沉吟的几秒钟，就是向对面那一大片陌生而渴望的眼神打了个招呼。接下来，他就要送给大家一种美妙的礼物了。

这一刻，他是那么多人期待的目标。因为他正在舞台的中央，因为他手中的弓与弦，将要在一种神奇的乐器上飞奔舞蹈。

这就是王华杰的舞台，这就是他的人生，这就是他这辈子追求的心灵的目标，他要让更多的人因为他的琴声获得快乐，他要让更多的人见识中国艺术的独特魅力。

这种拉弦乐器的演奏，几乎是当场听到过的人都会希望再听一下，凡是听到过的耳朵都不会忘记它独特的吸引力。

而这种乐器，至今，绝大多数人不但是从来没见过它，没听过它的声音，甚至根本不知道它的存在。

这些人当中，还包括了相当一部分的专业音乐人士。但他们无意中看到听到它的表演，即刻会在自己的各种专业记忆中搜罗起来。

没有啊，找不到啊，没能发现它的形影。

其实这种乐器在中国的民间，在某一些年代里，倒还曾经是有不少人知晓的。

大雷拉戏！表演大雷这种乐器，主要是从表现中国戏曲开始的，中国老百姓里爱听戏的人多，在中国，戏曲是特别接地气儿的文艺品种。

这种乐器现在正式的名字叫雷琴，也叫擂琴，民间也曾经叫它大雷、雷胡、大弦子。

雷琴，这是从中国拉弦乐器衍生出来的一种乐器。它体量大，音量大，音域宽广。

一种"偏门儿"的民族乐器，这个乐器只有一根弦，演奏时左手按弦只用一根手指。它的表现力却特别丰富。

雷琴只有一根弦，而它的音域居然拥有三个半 8 度，可以比得上配备多根弦的很多西洋弦乐器。

最主要的，它的特别之处是能非常逼真地模拟人声，生动传神，有一种几可乱真的独特效果，给倾听的人们带来意想不到的享受和欢乐。雷琴特别擅长的是戏曲唱腔的表现，也有流行歌曲的演绎。

不但是人声，还能活灵活现模拟自然界的鸟兽的叫声等，也能模拟许多别的乐器音色。

在音乐中加入仿声，在世界上，其他国家的音乐演唱或演奏中也偶有出现，比如斯特劳斯的《雷电波尔卡》，或许另一些作品里也有类似的音乐表现，但并不是系统化的表演。

用乐器临时模仿一下自然界的原生态声音，在中国或外国，在演出现场和自身娱乐中，也偶有出现，但那也不是正式的表演。

雷琴的仿声不仅神似，它首先是形似。雷琴具有几可乱真的声音之形，进而更加传神。

雷琴的声响，不同凡响。雷琴的现场演出效果，不可思议，因为不管到了哪里，凡是雷琴演奏结束，几乎都是返场，返场，再返场。

说到各种演出中的返场，王华杰的体会是最实在的了：

"只要是雷琴演出，一定会返场，而且常常是多次。返场返得少了都不行。咱们拉雷琴的，如果有谁拉雷琴返场次数少了点，连后台的工作人员都会认为，你今天演出是不成功的，当时他配合你干活的态度，都会明显表现出有点瞧不上你。"

返场，返场，再返场。

不仅是在中国的城市和乡村，在中国以外的更加遥远而广阔的演出场合，还有更多这样惊喜的返场，在等着雷琴未来的出现呢。

2005 年，有一个美国音乐人来到了中国的西北城市银川，他来这里，是要跟宁夏歌舞团的中国同行们进行一次音乐合作。给这次合作搭桥的是王华杰的朋友、古筝演奏家刘维姗。从刚开始在国内发展到后来在美国发展，刘维姗的古筝艺术可说一路顺畅。

乔治·温斯顿从刘维姗那里了解了很多有关中国民族音乐、民族器乐的情况。了解得越多他就越感兴趣，通过刘维姗搭桥合作的这次机会，他要好好地淘一淘中国民族音乐的宝贝。

来到宁夏歌舞团之后，温斯顿很有获得感，他相信自己已经基本了解了中国民族乐器的种类和特长，包括他最早接触的古筝。

但是当他听到雷琴的声音，突然间有些恍惚了。

面对眼前这把琴的模样和声音，温斯顿似乎有那么一点熟悉感，听王华杰演奏完一个曲子之后，温斯顿才知道自己迈进了一道新的大门，这是另一种音乐的世界。

陌生的乐器。过去，温斯顿是多次听人讲说中国民族音乐和乐器的，可是从来没有人提到过这个雷琴啊。看见和听见雷琴绘声绘色的表达，模拟人声、模拟自然界的各种音色效果，他惊讶了，入迷了。

看起来这么简单，不过就是一个琴头，一个琴杆，一根弦，一把琴弓，却有着这般动人的表现能力。

看呆了。为了更细致地观察雷琴，这个身材高大的年轻人先是弯着腰，后来干脆就直接跪下来，一边细看一边说，想不到中国还有这样的乐器，怎么会有这么生动的原生态的乐器。

一而再再而三，温斯顿请王华杰现场演奏雷琴。一两首，两三首根本不够，他请求王华杰一口气奏了十几首曲子，录音保存。

他有了探索中国民族音乐的新的动力。

人与琴相携前行

不过，在 21 世纪的今天，雷琴的生存发展状态却是很不容乐观的。在这个神奇乐器出现与生长的中国，在有着十几亿巨大数字人口的中国，据 2018 年的统计，全国会使用会演奏它的琴手，还不到 20 个人。

这十几个人，首先包括雷琴大师的第一代亲传弟子：他们是宋东安先生、傅定远先生，还有王华杰先生。

王华杰就是第一代传人中最年轻的一位了，即使这最年轻的一位，到了 21 世纪的 20 年代，也是七旬奔八的人了。

国家文化艺术部门和音乐界的有识之士，近些年对雷琴实施了各种支持和抢救工作，雷琴的生存发展有了一定的改观。到了 2019 年，全国学习雷琴的音乐后辈已经接近百人，哪怕很多人只是初学，雷琴总算又迈了一步。

不过，对于一种乐器，一个中国民族乐器的品种来说，这个数字还只是凤毛麟角。

2018 年 10 月的一天，在银川市一个特别安静的住宅小区里，77 岁的演奏家王华杰正在向我介绍他最近非常感兴趣的一些印度乐器，比如说，西塔尔琴、塔布拉鼓。

这些年，在王华杰演奏雷琴比较成功和有影响的曲目中，就包括印度音乐，王华杰研究印度音乐，以前就下过不少功夫。

"我到昨天才研究明白，这个西塔尔琴啊，它的发音和演奏效果，用我们的古筝也是完全可以做到的，甚至做得更有特色。"

研究起西塔尔琴，他颇有发现：这乐器上头的音品什么材质，什么形状，构造跟古筝如何类似，如何不同。西塔尔琴的上滑音和下滑音，古筝都可以做到，甚至可以做得更好，更丰富，更完美。

瞧着王华杰对乐器那种细致，那种入迷，那种津津乐道，我不由联想起王华杰的师父王殿玉，当年的王殿玉也是这么入迷地琢磨各种乐器，这才有了他不凡的音乐人生，也才有了他们师生的缘分啊。

"印度音乐的节奏是非常复杂多变的，原来我以为我们中国的音乐节奏、锣鼓节奏是最丰富最讲究的。尤其是京剧的锣鼓点，你只要把那个弄明白，很多东西就都明白了。"

"其实还有更复杂的呢！相比起来，印度音乐的节奏才是更多样，更多变。"

研究了一种印度的打击乐器塔布拉鼓，王华杰最大的发现就是，印度音乐使用的节奏类型超级多。

"这个塔不拉鼓的节奏，有 41 的，有 42 的，有 43 的，有 86 的，有 87 的，85 的，还有 45 的，前几个小节也许是 42 的，紧接着又是 87 的，很多意想不到的。"

差不多每过几个小节就变一回节奏，不认真琢磨还真是难以把握，这在西方或者东方的众多音乐类型中，都是极为少见的，因此也就成为印度音乐独具之特色了。

"就像中国的汉字一样，非常复杂。印度的舞蹈动作复杂，音乐节奏也就跟着复杂。"

"现在，他们已经把这节奏用在现代音乐中了。"

为了雷琴演奏的表现内容有更多的开拓，王华杰总在琢磨着国内国外各种音乐的风格特点。

"中央音乐学院的一位老专家陈自明，去年的乐器研讨会，就是他邀请我去参加的。他送给了我一本书，书里还有一个光盘。他是专门研究印度音乐的。"

兴味盎然的王华杰越说越投入，他干脆站了起来，口中模拟着印度音乐中出现的各种节奏的鼓点。

"哒哒，咚，哒哒哒，咚，咚……"

一连串生气勃勃的节奏变化，让王华杰完全沉浸在畅快淋漓的音乐世界里，这一刻，他正在把艺术的营养投入自己的创造力之中。

眼前这个王华杰，仍然是声音洪亮、堂堂一躯的男子汉，仍然是胸有豪情期待着新创作的音乐人。

音乐使得王华杰的身心永远年轻，他还要为自己国家的音乐努力前行，一路携带着琴弦的歌唱。

前文对王华杰做了简介，这里要更详细地说一说。

王华杰，男，著名雷琴演奏艺术家，1941 年出生于山西襄汾，祖籍山东。曾任中国音乐家协会雷琴研究会会长、中国民族管弦乐学会理事、宁夏民族管弦乐学会会长。退休前他是宁夏歌舞团的雷琴独奏演员。

王华杰的主要原创作品《穆斯林的婚礼》，已经收入《中国音乐大系》中，由中国音像出版社出版发行。

1955 年，少年时代的王华杰在天津拜民族音乐家王殿玉为师，学习雷琴，是王殿玉的关门弟子。

1957 年，王华杰就读于天津南开中学。

1958 年，王华杰响应国家"支援大西北"的号召，赴宁夏回族自治区银川市，就职于专业文艺团体，任独奏演员。

作为独奏艺术家，1978 年，王华杰与上海民族乐团合作演出，反响热烈。

1979 年在北京民族文化宫的演出现场，王华杰的独奏节目应观众热情要求，返场多达 6 次。

1985 年，王华杰出席了加拿大温哥华举办的"亚太艺术节"，表演了自己的原创作品《穆斯林的婚礼》和《农家乐》。同年，王华杰参加了在卡尔加里举办的"第二届国际艺术节"，之后赴美国、加拿大、法国、非洲等地演出。王华杰的演出博得各国观众的热烈反响，也引起媒体的多方关注和各种赞誉。

在半个世纪的演出生涯中，无论是登上国家级或世界级的音乐殿堂，还是到普通老百姓身边表演，王华杰都是全心全力奉献自己精湛的艺术。他的独奏在哪里，观众的热情就在哪里。

2009 年 9 月，中央电视台录制了王华杰的雷琴独奏。同年 10 月，中国音乐学院对王华杰的独奏做了资料采集。这两次采集，都是对民族音乐中宝贵而稀有的雷琴艺术的抢救行动。

中央人民广播电台、中央电视台、中国国际广播电台、宁夏人民广播电台等多次向国内外介绍了王华杰的雷琴音乐创作和演出。

雷琴？ 不知道

说真的，在读到这本书之前，"大雷拉戏"，您知道有这么回事儿吗？

您听说过只用一根手指，就能在一根弦上拉出无数种音高和多种音色的乐器吗？

从小时候起，我们获得的种种信息，有些是文字里看到的，还有很多是耳朵里听来的，您可能会听说过很多事情。如果您是中国人，一个对音乐有那么一点兴趣的中国人，有一种音乐表演形式叫"大雷拉戏"，对此您会觉得很陌生吗？

笔者在某一个思虑不绝的深夜里，于昏然半醒中想出一个办法，就是向周围能问到的人们都问一问，做个调查，这样来开此篇，这样来表明写作此书的一种别样心情。就从笔者多年栖身的北京某居民小区开始吧。

第一次，是问一对北京本地的老年夫妇，他们正在小区的环形广场上坐着，很专注地听一个音乐爱好者弹奏着电子琴。

"请问两位，你们听说过大雷拉戏吗？"

"大雷？大雷是谁啊，没听说过这个人啊。"

"大雷不是人名儿，大雷它是一种琴，跟胡琴差不多的，它是能拉戏曲的琴，它还能学人唱戏和说话的声音呢。"

"这个啊，真没听说过，从来没听说过。"

"您二位是老北京吧？"

"没错儿。"

这是在北京，离雷琴的发源地天津不算太远，可是很多人就不一定知道它了。

过几天，又问到了一位谈吐流畅的老年男士，他的回答是：

"这个东西不太熟悉，不过倒是听说过，可是真没见过啊。不不，好像是在电视节目里头见过？我也记不清了。"

第三位对话者，男青年，90后，正在书店的书架前浏览。

"喜欢音乐和乐器吗？"

"不算特别喜欢，还可以吧。"

"喜欢西洋的还是民族的？"

"西方的音乐里还是喜欢古典的吧，对民乐关心少一点。我主要还是听听流行音乐，跟我们生活比较接近吧。民族乐器？对了，最近，有一种唢呐，挺流行的呢。"

我想，他说的是近期在网上很热的那把吹奏流行音乐的唢呐。毕竟，他还是对一件自己国家的民族乐器有一点印象的。

"古琴，听说过吗，也属于中国最古老的乐器了。"

"听说过，不太了解。"

"那你知道雷琴吗？大雷？"

"大雷……是什么呀？没有，从来没听说过。"

第四位对话者，中年女性，路人。

"喜欢中国的民族音乐吗？"

"喜欢呀，非常喜欢"。

"民族乐器也喜欢吧？"

"喜欢啊，就是他们弹的那个，叫古筝吧，我虽然自己不会，可是我挺喜欢的。"

"有一种乐器，叫雷琴，也叫大雷，听说过吗？"

疑惑地慢慢摇头："那没有，不知道。"

第五位对话者，80后男生，钢琴课教师，音乐学院毕业的，当然对话里专业的因素就多一些了。

"你自己是搞西乐的，对民族音乐也喜欢吗？"

"我自己学的是西乐，不过对民乐也挺关注的。我一个哥们儿就是专门学习古琴的。我还有个姐姐，她是音乐学院箜篌专业的研究生。民族乐器里头最成功的我认为还是二胡吧。我觉得中国民族音乐的传统非常可贵，现在的继承和保护不是太多，而是还很不够，还可以做得更好的……"

他还说到互联网时代音乐的新的流传和欣赏方式等，他思绪不停侃侃而谈，我觉得有点像在倾听一篇论文了。

问到核心问题："你知道雷琴吗？听说过雷琴吗？"

面对他的愕然，我又描述了一下雷琴的乐器类别和特色。

仍然是"不知道"，"从来没有听说过"。

我说，电脑上有的文字输入法里已经有"雷琴"这个词汇了。如果有兴趣在网上可以了解一下。

眼前是一位关心中国民族器乐的专业音乐人，连他，也是不知道中国的民族乐器中，有雷琴的存在。

雷琴可真是个冷门儿啊。

第六次的对话对象，是两个放学后在路边休息一下的小女孩，初中生的样子。询问她们的动因是她们正穿着当下小规模流行的汉服。

"你们穿的是汉服吧，那么你们喜欢中国民族音乐吗？"

"嗯，喜欢。"

"民族乐器了解吗，现在好多孩子学乐器，你们学了没有？"

"我没学，可我们班同学有学的，有学琵琶的，古筝的。"

"学中国乐器的多，还是学西洋乐器的多？"

"都有，我们班同学有学长笛的。"

"有一种中国乐器叫雷琴，听说过吗？"

果然，还是不知道。

第七位对话者，男青年，90后，吉他教师，音乐学院专业毕业。他是在大型商业圈某乐器行兼职做销售员，遇见时他正在工作中。这里主要销售一种近来挺流行的乐器尤克里里，欧洲的弹奏乐器，规格较小，有点洋气又简单易学，成了不少家长让孩子玩音乐的选择。

还是问他最原始的问题："知道雷琴这种乐器吗？"

"不知道，完全不知道啊，今天还真是第一次听说。"

我说，有兴趣有空可以上网了解一下。他立马拿起手机就搜索起来，很快找到了一段雷琴演奏的视频，读出了演奏家的名字：王华杰。

起码从今天起他已经知道雷琴的存在了，知道了王华杰。希望他由此更多地知道了雷琴的创始人王殿玉和他的弟子们，他们的乐器，他们的音乐"家族"。

"谢谢啊，接受我的调查。"

"不，是我应该谢谢您，今天我又长了见识，知道老一代人他们为咱们的民族音乐还一直在努力，在奋斗。"

我把这多次的"不知道"叙述给王华杰，他说"一点不奇怪啊"。别说一般人了，他自己的亲身经历也是，一次次讲学、演奏，置身于音乐学院的专业群体之中，照样是常常面对满场的"不知道"。

…………

明白了吧？关于雷琴这个乐器，这件事情，如果您说"知道"或者"听过"，那您就是那极其少数的人之一。

这就是有关雷琴的基本现实。

那么我们就继续唠嗑儿，更多地知道一下雷琴吧

雷琴是中国民族乐器中一个新生的品种。而年轻的雷琴，其中还有分类，分为大雷琴和小雷琴。

从雷琴祖师王殿玉到王华杰这一代的雷琴传人，还有第三代第四代的徒弟，大家演奏的雷琴，主要就是最正规最主流的大雷琴。

另外还有所谓的小雷琴，也就是高音雷琴。高音雷琴一般情况下是不怎么使用的。

大雷琴的音域已经是相当宽广了，有三个半 8 度。但有时候可能有个别的曲目，还需要用到大雷琴音域之外的特别高的音，就必须由高音雷琴也就是小雷琴来完成了。小雷琴的音区比大雷琴高一个大 3 度，基本上跟坠琴的音域是一样的。

不过高音雷琴在演出中用得挺少。说起高音雷琴，王华杰在多年的演奏中仅用过两次。有一回是因为宁夏电视台拍摄了一个电视剧，其中有一段配乐的旋律，正好用得上高音小雷琴

来演奏。

　　人类发明了各种乐器。乐器像动物进化或者人类进化一样，在人类的文化发展中进化着。

　　一般都是渐变的过程。一种乐器的变化，发展，完善，更完美，多功能，要经过很多岁月，经过很多人的心，很多人的手。

　　而我们说到的雷琴，这个乐器的产生，就不太一样了。关键的阶段仅仅是在一个人的手里完成的，在相当短暂的历史时间之内，一个人，单独就给完成了。某个人独自改造了一种乐器，把它变成全新的乐器，这难道不是一个奇迹吗？

　　雷琴的声音、技术、表现方法是独特的，它最早的诞生过程也是这么特别。

　　让我们记住吧，雷琴的创始人名叫王殿玉，是他，发明了雷琴。

　　这就是王华杰的恩师，王殿玉。

　　这就是雷琴，王华杰的琴。

一个苹果，一把琴

　　事情的发生与起源都有一个规律，或是根源。

　　一个苹果掉在地上，被周围的虫子和蚂蚁吃掉了，这个苹果成为渺小虫蚁体内的某些普通成分。

1958年银川市杂技团合影（后排左一）

和夫人潘敏慧（后排左一）初次相识

一个苹果掉在地上，被一个男孩子捡到了，送给了自己喜欢的那个女孩，这成为两个人共同的记忆。

一个苹果掉在地上，被一个名叫牛顿的科学家看见了，他盯着这个苹果，看见的不是苹果，是苹果迸发出的思维闪电，牛顿由此而洞见了无边宇宙深远之中的万有引力。

这次不是苹果，是一把琴，一把简陋材料拼凑制作的胡琴，在一个双目失明的苦孩子手中，生发出一个想象不到的全新的艺术世界。

这本书主要说王华杰的故事，但要说起他，还必须先说说另一个人，那就是曾有一位令后辈们永远敬仰的艺术大师王殿玉先生，他就是王华杰最敬重的今生膜拜的"父亲"。

王殿玉（1899—1964）先生是雷琴艺术创始人、民族器乐演奏家，并且在他的门下成长了一批民族音乐人才，称得上是功德无量。

王华杰的这位"父亲"，跟王华杰并没有生物意义上的血缘关系。却是因为在茫茫人海中王华杰与他相逢，王华杰才成为今天的王华杰。是他，影响与决定了王华杰的人生。

王殿玉，这是一个传奇式的人物。说起王殿玉，这个名字可能对很多人来说，有点陌生。但是如果说起"大雷拉戏"，在某些老百姓的印象或者记忆中，就有了鲜活，有了趣味，尤其是在雷琴发源地的中国城市天津。

王殿玉就是雷琴的创始人，独一无二的创始人。

王殿玉自己是有好几个亲生儿女的，他还另有着一个最心爱的孩子，那就是他贡献给这个世界的礼物，雷琴。

王殿玉一生用雷琴演奏过京剧、评剧、河北梆子、豫剧、山东大鼓、京韵大鼓等各种中国戏曲，还有民间小调、中外歌曲、电影插曲。不同形式的音乐，在他的手下都会变幻出新的模样。

除了模拟，他自己还创编了《三人大笑》《军乐》《鸡鸣犬吠》《笙管合奏》等乐曲。

王殿玉不仅精于雷琴的制作与演奏，他还精通其他多种中国民族乐器，简直有太多种类了：古琴、古筝、三弦、四弦、扬琴、京胡、二胡、坠胡……

他的手指飞舞在各式各样的琴弦之间，简直就是无所不能。"丝弦圣手""演奏大师"这样的赞美，他是当之无愧的。

王殿玉自己潜心钻研着各种琴艺，也用心培养着向他求学各种琴艺的众多徒弟。

中国当代著名音乐家李焕之先生是这样评价王殿玉的：

"他不仅是一位优秀的演奏家，更是成绩卓著的音乐教育家。"

王殿玉先生一生培养出了一大批的音乐人才。其中音乐成就比较突出的有：最早收于门下的盲人弟子翟润田、天津曲艺团雷琴演奏家宋东安、广州歌舞团雷琴演奏家傅定远、宁夏歌舞团雷琴演奏家王华杰、沈阳音乐学院古筝演奏家赵玉斋、西安音乐学院高自成教授、上海音乐学院何宝泉教授、海政歌舞团雷琴演奏家韩凤田、山东艺术学院韩廷贵教授、福州文工团张乐等人。

并且王殿玉的长子王福生、次子王福立，还有他的女儿王福荣，也都继承父业，成为雷琴演奏家和古筝演奏家，分别供职于中国铁路文工团和中国煤矿文工团。

以上说到的各位，都是王殿玉门下的"琴二代"。此外还有第三代学生。

王殿玉手把手教出来的众多正式徒弟中，跟着王殿玉专门学习雷琴的人，到了 21 世纪，真正直传的就只有宋东安、傅定远、王华杰这么三个弟子了。

王殿玉，这是一名与千千万万普通中国人一样经历了苦难与辉煌的华夏子孙，更是一位卓越的有着独特贡献的民族音乐家。

王殿玉出生在 19 世纪的最后一年，他的音乐生涯与创作成就在 20 世纪之中，为中国的民族音乐写下了一个性鲜明的乐章。

在我们这片土地上，他是一个生动的故事，凡是他足迹与琴声所到之处，老百姓会亲切地说起他们对"大雷拉戏"的回忆或是想象。他的琴声具有神奇的吸引力，他的言行作为已经深深铭刻在人们心中。

王殿玉，字琢玺、洁尘，山东省郓城县徐桥村人。

19 世纪末，王殿玉先生出生在我国山东省农村一个贫苦的农民家庭。人生伊始，世间种种不幸几乎都集于他一身。

王殿玉出生在 1899 年，这个穷人家的孩子，很小的时候就父母双亡。雪上加霜的他是又因为患病而无钱医治，导致双目失明。

而王殿玉这个在悲惨世界和痛苦绝境中挣扎的苦孩子，却顽强地生存了下来。他的奋斗经历，令人难以置信。

忽然一下子，什么都看不见了，对于一个曾经具有正常视力的才不到 10 岁的孩子，是多么痛苦的处境。但是王殿玉没有颓废，他也没有别的办法啊，只能自己挣扎，小小年纪直面人生困境。

周边的人自然而然就管他叫"瞎子"。瞎子就瞎子吧，王殿玉首先得要生存，瞎子就找瞎子的生计。

为了生计，这个盲人孩子曾经沿街叫卖，也曾经到处乞讨，饱受了各种欺凌，王殿玉坚忍地承受着命运的不公顽强生存。

他先是跟最早的师父马玉修学习占卜算卦，又在好心人的帮助下，拉着一把自制的简陋胡琴上街讨饭。

谁都没有想到，就是这把粗糙制作的乞讨用的胡琴，在这个苦命儿童身上演绎出一个传奇。

有一种传说是：王殿玉为了对付在乞讨中遇到的狂吠恶狗，用胡琴模拟狗叫声音，与狗对着"吼叫"。

因此，也就琢磨出了对自然界中各种声音的模仿。从猫猫狗狗，到鸟叫虫鸣，惟妙惟肖。一通百通了，学啥像啥，真假难分。接着又扩展到对人声的模仿，男女老少，情趣盎然。

聪敏的王殿玉把种种特别的独一无二的模仿，发展到了戏剧的领域，他的天赋进一步大放光彩，吸引了越来越多的欣赏者。就是在这样一个艰难的起点上，王殿玉开始了自己精彩的音乐人生。

王殿玉曾经挣扎在社会最底层。苦难出真知，磨砺成就天才，在争取生存跟命运抗争的过程中，王殿玉焕发出了人们意想不到的艺术创造力。

他的天赋是独一无二的。他的眼睛看不见天空大地日月星辰，而他的心灵却深切感知着万物生命，王殿玉的手指拨动了千千万万人的心弦。

他离开世界已经半个多世纪，而他留给人们的是具有独特魅力的不同凡响的琴声，还有中华民族不懈奋斗积极向上的精神。

王殿玉先生对中国民族音乐有着多方面的贡献，其中最主要的也是为人们所熟知的是雷琴，王殿玉是雷琴的发明者，是雷琴艺术的创始人。

我们应该知道并且不能忘记王殿玉先生手中的第一把琴，那是一把以椿木为琴杆以鸡皮蒙琴筒的简陋自制胡琴，是王殿玉与音乐结缘的标记。就是用这把琴，一位名声寂寞的民间乐手教会了少年王殿玉拉琴，他是王殿玉先生最重要的启蒙者。

1908 年，王殿玉 9 岁，拜盲艺人马玉修为师学习弹唱三弦书。

三年之后，王殿玉拜别师傅，与他的师兄——民间艺人石登岩一起开始了流浪卖艺的生活。

1911 年，王殿玉 12 岁，拜当地民间艺人于广文为师，他开始向师傅及其他艺人学习当地的曲艺三弦书、琴书、花鼓、二夹弦的表演，同时学习了坠琴、三弦、四弦、筝等乐器。

王殿玉音乐生涯的开始与他的成就，是源于他的天赋与悟性，也得益于当地民间艺术的滋养。王殿玉少年时代生活的山东郓城所在的曹州府，即现在的菏泽市，民间的戏曲说唱表演形式之种类多到数不胜数。王殿玉在学习多种戏曲的乐器的过程中善于吸收借鉴，又是聪敏过人，细心琢磨，再加上对自己严苛要求刻苦练习，很快就游刃有余地掌握了好几种演奏技艺。

盲人少年跟着辗转风尘的民间戏班子，开始了他人生与艺术的探索之路。

最初他拉琴只是担任伴奏，只为衬托戏剧演员们的唱腔，虽然是担任配角，但他做到了不仅让伴奏与唱腔衔接得天衣无缝，而且还能包腔送韵，为演员的唱腔大大增色添彩。

于是，他越来越令人瞩目、受人欢迎，成了当地民间戏班子争着要与之合作的一名少年琴师。18岁时的王殿玉就已经被人称为"丝弦大王"了。

王殿玉的琴艺日益精进，戏团在乡间演出时，还出现了观众专门寻到后台来听琴的场面。越来越多的观众与听众被他美妙多彩的琴声深深吸引，而这样的吸引甚至超过了对舞台上演员的关注。

天资聪颖的王殿玉内心世界忽然被一道光芒照亮，他意识到自己的演奏应该走进一个更为广阔的天地。

这期间王殿玉开始了他勤奋的博采众长的学习。当时郓城所属的曹州府有着极为丰厚的民间艺术土壤，流行着二夹弦、枣梆、大弦子、大平调、四平调、梆子、柳子、落子、大鼓、花鼓、琴书、坠子等几十样的戏曲，王殿玉追着戏班子，用一切机会听、学、琢磨、研习，得到了丰富的收获，这就是他音乐与创作最原始的积累。

1918 年，王殿玉 19 岁，他与自己手中的乐器、与他心中的音乐一起走向了更为广阔的世界。徐州、蚌埠、南京、无锡、苏州、上海，他的行程是一次次更大的丰收，他学习到了凤阳花鼓、扬州小调、弹词、苏州滩簧、京剧。到达上海之后，王殿玉的艺术活动有了特别多的吸收与采纳，他的表演内容，不只限于国粹，还扩大到对西洋乐器的仿声。

而这一时期，王殿玉准确地找到了仿声演奏最具有典型特色的表现内容，这就是模仿京剧诸多流派的唱腔，在这个领域里，仿声演奏的优长得到了最充分的发挥。

而王殿玉出色而丰富多彩的表演不仅深深地吸引了无数普通的民众，也令戏剧界、音乐界及至学术界的名家们为之折服，京剧界大师级的艺术家梅兰芳、马连良等对王殿玉的表演都是激赏乃至敬佩。而在与各路名家的交往中，王殿玉又吸收了更多的艺术营养。就这样，在 20 世纪 20 年代初，年轻的王殿玉很快就在民间及演艺界名声大振，所谓"出神入化""妙绝人寰"这样的赞叹不绝于耳。

王殿玉二十岁开始出名，从民间艺人起步，经过在上海、南京、重庆、桂林、武汉、济南、重庆、桂林、北京等四十多个大中城市的演出，名扬全国，被誉为具有"稀有之奇才、罕见之绝技"的"丝弦圣手"。

1922 年，王殿玉 23 岁，这时的他已经越来越感觉到，坠琴在表演及技术上有很大的局限。他打定主意了。一种新的乐器即将在他的手中诞生。这是一个在很短的时间内从量变到质变的过程，也是一位天才人物的灵感绽放的时刻。

过程之一，王殿玉开始尝试用自己手中的坠琴演奏其他乐器的曲目，比如唢呐的《百鸟朝凤》。

而后是从单纯曲调的移植进而达到对其他乐器的开拓，尝试用自己手中的乐器模仿其他乐器的音色，比如唢呐的《百鸟朝凤》，音色的成功模拟，创造了一种全新的演奏方式，开拓了表现内容。

王殿玉又进了一步，开始用坠琴表现人声，模仿戏曲中各行当各角色的嗓音唱腔，演出效果更是一鸣惊人。

用乐器模拟生活中与自然界的声音，在国外及在古代也曾出现及存在，但多是作为偶尔的点缀，没有达到专研级别或以独立的方式展现。在这一点上，只有王殿玉、只有雷琴做到了独树一帜。这就是我们要为王殿玉、为雷琴骄傲的充分的理由。

过程之二，由于开发出新的表现内容，打通了新的思路，王殿玉深感手中使用的坠琴已经受到明显的局限，于是他大胆地开始着手对乐器进行改良。

把琴杆加长，琴弓也加长，弓毛加粗。改良后的坠琴音域大大加宽，音色与力度的变化与表现力也更加丰富与自如。

这已经不是坠琴了。就这样，一个全新的乐器在人们还没觉察的时候，在我们中国的民间，在一个少年乐手的灵感中诞生了。这就是王殿玉的亲传弟子们视为至宝的雷琴诞生的时刻。

综观音乐史与器乐史，每一种乐器都有着漫长的演变过程。而像雷琴这样在单人个体的快速行动里产生的现象，是较为罕见的。这更是我们要为王殿玉、为雷琴而自豪的充分理由。

1923 年，王殿玉 24 岁，他的大雷拉戏在山东济宁正式演出，立即轰动全城，之后一发而不可收，又有菏泽、济南等多地争相邀请。

1925 年，王殿玉 26 岁，大雷拉京戏在山东济南正式演出，观众和媒体一片叫好。

1928 年，王殿玉先到北京，接着又到天津及东北、华北、中原、西北、西南的很多大中城市演出，所到之处完全是记者采访观众追捧的局面。

1930 年，王殿玉曾经应上海大世界游艺场邀请做长达半年的演出，其中仿拉京剧名角马连良《借东风》这一个节目，就持续了 15 天仍是欲罢不能。

20 世纪 20 年代到三四十年代，随着王殿玉的足迹和雷琴的声音踏上了几乎半个中国的土地，他的演奏逐渐成为令人神往的传说，而演出现场耳听为实的真实感受让人们更加为之倾倒。

王殿玉的演奏艺术也成功地从民间舞台走进了处于经济文

化中心的那些大雅之堂，因为他的独特魅力达到了雅俗共赏。王殿玉当之无愧地获得了"丝弦圣手""稀有奇才""天下第一弦"等美誉。有关王殿玉艺术表现"出神入化""炉火纯青"的报道与记载，有大量当时的文字资料可为佐证。

我们现在还能幸运地听到王殿玉先生演奏的录音，完全可以体会到当年听众的感受。那是一段生动而真实的历史。

新中国成立后，王殿玉在家乡加入了平原省大众曲艺团，1952 年他加入了天津市曲艺团。

王殿玉的艺术创作和表演进入了新阶段，他以饱满的热情开发了大量新的曲目。他的表现对象除了京剧名家梅兰芳、谭鑫培、程砚秋、马连良、余叔岩等派别，还扩展到评剧、豫剧、越剧、沪剧、河北梆子、山西梆子、京韵大鼓、山东柳子等数十种戏曲及白玉霜、新凤霞等优秀演员的唱腔。

在第一届全国民间音乐舞蹈汇演中，王殿玉荣获优秀演出奖。中国音乐家协会主席马骥曾邀请他到中央音乐学院任教。他还加入了中国音乐家协会天津分会。

怀着对新中国的热爱，王殿玉排练演出了《志愿军战歌》《妇女翻身歌》《刘巧儿》《伏尔加船夫曲》等一系列歌曲。演出之余他悉心培养学生，为雷琴艺术的发展及后继有人不辞劳苦地辛勤工作。

1964 年 11 月 28 日，王殿玉先生因病于天津逝世，享年 65 岁。

虽然王殿玉过早地离开了热爱雷琴的人们，但留给大家的是一个民族音乐的神圣事业。王殿玉先生毕生的音乐成就、他对中国民族音乐的贡献可以归纳为以下几个方面：

第一，他开发了民族乐器新的表现对象与表现内容，用乐器来展示音乐之外的原生态声音，给音乐欣赏者开拓出一片艺术欣赏的新天地。

第二，他钻研与开创了独具特色的演奏方式，添加了民族乐器新的技术。不仅是弓弦乐器，他在古筝技术方面也是专家，并有新的钻研及创造。他熟稔的乐器还有二胡、三弦、古琴等，技术上都有很深的造诣。

第三，这方面也是十分重要的，这就是他在进行乐器改良的过程中探索和实践的成果，还有对后辈丰富的启发。

原先的乐器已经达不到艺术表达的需要，这是改革乐器最原始的动力，也是推动乐器改革及制作方式发展的一个根本因素。

在演奏坠琴的体验中，王殿玉努力想要手中的弓和弦发挥更强大的艺术魅力，却发现这种乐器不能实现他越来越强烈的个性表达。

若是凡常之辈，此时也就慨叹而已。但王殿玉就是非凡之人，就是天才，他敢想，乐器不听话，就让它听话，不得力，就让它改改。加长了琴杆，就扩大了音域。加大了琴筒，就增大了音量。琴弓也加长了，更适合改良后的"大号"乐器。

他成功了，雷琴，一件全新的独特乐器出现在中国民族音乐的乐坛。

雷琴作为一种拉弦乐器把音域扩大到三个8度以上，这才有可能表现戏曲唱腔、歌曲、人类生活及自然环境中各种不同的声音。改良后的乐器开辟了一个新的表现领域。

在这个新领域中，雷琴受到了最热烈的欢迎。

除了乐器体量的扩大，王殿玉还在乐器制作原料的使用上进行变革，琴筒由木质改为铜质，琴弦也使用过不同的材质。

尤其体现独特创意的是王殿玉还研发制作了一把小雷琴，也叫拧轴雷琴，它的左手演奏不是按弦而是以拧动琴轴来操控音高变化。现今，只有韩凤田先生能够掌握这种拧轴雷琴特殊的演奏技术。

王殿玉对乐器改革的成果不只有雷琴。

他对古筝也进行过多次改良实践。王殿玉曾将13弦的古筝改制为16弦及21弦的大型古筝。他还曾有过在这个基础上更进一步增加古筝弦数的设想。

作为一名盲人，王殿玉不仅是卓越的音乐家，还是成功的乐器改良家。他的视觉连接不到整个世界，他却如此洞察万物，富有才艺。他奏雷琴是神手，奏古筝奏古琴等，一样得心应手，恣肆汪洋。

王殿玉从西洋乐队声部组成中得到启发，为了弥补中国民族乐队中低音声部的薄弱，他曾制作了一种可以奏出低音的中国拉弦乐器，这把超大"胡琴"有巨大的琴筒，已经在乐队演奏中使用过。

他还制作过三个 8 度的大扬琴。

这种大胆创新、想到就做的精神，对于民族器乐今后的开拓发展有着一种引领与振奋的作用。

第四方面，如前所述，中国音协主席李焕之指出：王殿玉不仅是民乐演奏家，还是音乐教育家。

作为音乐教育家，从 20 世纪 20 年代到 50 年代，王殿玉培养出了一批民族音乐人才。王殿玉有着自己独特的教育理念和方法，并且不惜心血倾力教授学生。

他不仅是表演大师，也是育人高手。王殿玉不仅具有高尚的艺德，还具备高尚的师德，他为人师表的风范，尤其令音乐后辈敬而仰之。

他收徒传艺，桃李满天下，为国家培养了一大批民乐演奏人才，被誉为"杰出音乐教育家"。

不仅是在民族音乐的各门专业里成就卓著，王殿玉一生的为人及修养也是民族音乐后辈们心目中最完美的楷模。

王殿玉是一位爱国爱民有着强烈社会责任感的音乐人。

在早年的一则招生通告中，王殿玉表达了自己的主张与理想：

"国乐之适合国情，适合民性，均非外乐之所可及也。一国有一国之国情，一民族有一民族之民族性，国情常在，国乃可保，民性常存，民乃可立。我瞎子愿以国乐救国。"

他的意愿是："欲创设音乐学校，招收盲瞽，讲授古乐。可以移风易俗，即以救恤残废。"

在新中国成立前相当复杂的社会环境中，王殿玉在致力音乐事业之余，一次次做着力所能及的善事，这成为一种常态，从来没有放弃。他说："我是没有眼睛的人，但要做有眼睛的事。"王殿玉说到也做到了。

他出身贫寒，特别能体察大众的疾苦。自己获得成功有了一定的能力之后，他在多地多次组织和参与义演活动，或赈灾，或助学，还自办过专收盲人子弟和孤儿的学校。

王殿玉品德高尚，好义勇为。1935 年，黄河决口，郓城、巨野二县遭遇特大水灾，他闻讯后忧心如焚，在沈阳、北平、天津、武汉等地义演，将所得钱物全部寄回家乡救济灾民。1944 年，他组织成立了"东鲁雅乐团"，在山东各地义演。

新中国成立之后，王殿玉积极参加社会活动和宣传演出，为国为民做出新的贡献。抗美援朝时期，他义演捐献，充分表现了自己的爱国主义精神。

立业先为人，王殿玉做人的美德是他留给后辈最宝贵的传统。了解王殿玉的同行都知道，多少年来，他给自己选学生，对人品的要求是首要的标准。

王殿玉因少时家境贫困，没有机会接受正规系统的教育，但他在艺术探索的过程中善于用一切机会学习，包括向音乐界同行请教。失去了视力，他就以听别人读书的方式读书，学习音乐理论。他还学习音乐之外其他领域的多种知识来充实自己。有了多方面的基础，才可成就大器，这也是王殿玉给后人们重要的启发。

王殿玉取得事业成功的原因，除了他过人的天赋之外，另有很多值得大家深思的方面。

一是他的艺术植根于最基层最广大的民间，他的艺术追求也始终跟群众的感情、需要、喜好密切相连，所以他的艺术才能具有很强的魅力与生命力。

二是他善于不断总结，进行改善，求得发展。注重多方向吸收文化营养，达到融会贯通。

三是始终具有文化的民族自信心，不去肤浅地模仿追随外来的某些一时的所谓"时尚"，而丢掉了自己的文化根基。

在这些方面，王殿玉的实践和业绩，值得业界人士思考与借鉴。

音乐的发展如同一切文化的发展，从来都离不开吸收新的形式及内容，在中国文化与世界文化交流空前活跃的今天，雷琴要更加具有开拓精神。要让雷琴更多地走出去，让雷琴艺术有更多生长的土壤。

1982 年王殿玉先生之子著名雷琴演奏家王福立先生在美国和加拿大演出，获得了极为热烈的反响与赞誉，这是雷琴走出国门的第一次，让外国观众直接领略到中国雷琴的神奇魅力。

1985 年及 1994 年，王华杰在北美、欧洲、非洲多个国家演出的过程中，也一次次亲身体会了中国民族音乐对国外观众产生的强烈吸引力与新奇感。从喜爱到景仰，中国文化引起异国观众反响之热烈，不到现场是想象不到的。

因此，雷琴艺术也应该成为以文化向世界展示中国悠久文明与现代形象的窗口之一。

改革开放以来，中国的对外文化交流活动空前活跃，这正是一个良好的契机。和其他方面的交流一样，雷琴音乐也应该策划和组织更多的对外演出。

让雷琴在世界上更多的地方展示出东方文化的力量，这也是王殿玉先生心中早就生发的一个理想。

王殿玉的故事在音乐人中、在民间流传着，不只是传说，那是一段真实的人生与音乐的历史。

王殿玉在自己的人生舞台上，演绎了励志，演绎了感动。乞讨中的琴艺一步一步变成了一门艺术，从街头巷尾到大雅之堂。

在器乐表演中，雷琴的方式是一个创造与突破。在音乐世界里，虽说用乐器模拟音乐之外自然声音的也偶有闪现，但达到的王殿玉的创造境界，至今绝无仅有。

不论这些故事描述得准确与否，一个当初任何人预料不到的事实，已经赫然出现在现实生活中，出现在人们的听觉、视觉和感慨之中。

事实是，王殿玉对坠琴的改造，基本成了另一种乐器的制作过程。

加高琴杆，加长弓子，加粗弓毛，扩大了音域，创造出一种长琴杆、铜质大琴筒、音量大、音域宽、音色似人声、高近两米的丝弦乐器，1957 年定名"大雷"，又称"擂琴"。

事实是，在 20 世纪 20 年代的中国民间，诞生了一种神奇的乐器，叫"擂琴"。

1957 年定名"大雷"，也叫"雷琴"。

改良和制作出雷琴的王殿玉，是中国民族音乐中雷琴艺术这一门的唯一创始人。

在 21 世纪的今天，王殿玉成为中国音乐界以及媒体公认的雷琴艺术创始人、民族器乐演奏家、民族音乐教育家。

这就是王华杰的人生导师，王华杰心中永远的偶像。

第二章

吸引是个法则

山西襄汾，谁家的孩子

1941 年，王华杰是出生在山西襄汾的，而他的祖籍是山东潍坊。

在王华杰之前五六代，他们全家从山东老家移居到了山西的襄汾县，在赵康镇这个地方定居下来。经过一代又一代的繁衍，到了 20 世纪的三四十年代，这个地方就有了于家的几百口子人。

是的，原本他是姓"于"，并不是姓"王"。

王华杰的祖父共有四个儿子和四个女儿。王华杰的生父于泰清，是于家的老二。当时因为王华杰的四叔没生孩子，所以由王华杰的祖母做主，把王华杰过继给他的四叔于占元当儿子。

在他小时候的记忆中，自己的生父和四叔，都是照护自己的父亲，都是他亲近的长辈，也没觉得两边有什么区别。

于泰清那个时候是个做生意的，因为经营得当，事业进行挺顺利，所以于泰清就给儿子起名叫于茂盛。

于泰清在当地是一个很有影响的人物，他的生平事迹在襄汾县志上有所记载。新中国成立前当地曾有过一个欺凌百姓的恶霸，人们深受其害，深恶痛绝。民怨沸腾之际，于泰清挺身而出为民众除害，并付出了自己的生命。为了表彰于泰清的义举，当时的县政府曾颁令赵康镇三年不纳粮。

那段过程中发生的种种激烈与险恶，于茂盛，也就是少年时的那个王华杰完全是懵然不知的。具体的细节他至今也不忍深究。

王华杰的四叔也就是他的养父于占元，也是一位有故事的人物。

在中国当代历史中，说起抗日名将，在山西有一个名叫郝玉玺的英雄人物，他是抗战时期"新军213旅"的旅长。当时的"新军213旅"，实际的控制力量是在中国共产党的手中。

王华杰的养父于占元，就是这位郝玉玺的伙伴和好友。在军队里，于占元是郝玉玺的副官。并且郝玉玺的婚姻，还是于占元做红娘给一手促成的。

王华杰本来是姓"于"的，后来他又改姓了。他家搬到了天津之后，他又随了他四婶姓"王"了。

那一段家族历史，是一些很有传奇色彩的故事。不过在另一方面，在跟王华杰的细节交谈中，笔者又感受到他对自己父亲的追思是比较沉重的，他可能不愿细说太多，就这样简叙而了之吧。

20世纪的50年代，这是新中国刚刚成立不久的年代。

1947年到1948年那段时间，作为学龄前儿童的王华杰跟着大人在山西太原生活了一段。1948年是中国解放战争最关键的阶段，太原这边打仗打得挺厉害。近处远处，枪声炮声不断。

于是，在城市战乱中王华杰他们一家人又从太原搬到了襄汾的另一个"老家"赵康镇。就是在这个地方，他们和大家一起迎来了解放，走进了中华人民共和国的全新历史。

赵康镇是一个大镇子。1949年新中国成立之后，这地方经常开展各种群众文化活动，唱歌的唱戏的纷纷活跃在民间。王华杰从小就对敲敲打打、吹拉弹唱这一套感兴趣，正好也有机会接触各种乐器。

一天，襄汾赵康镇的街上忽然响起了锣鼓声音，大家知道马上就有节目要开演了，大人孩子纷纷跑出家门，跑到大街上去看热闹。

这正是新中国充满活力的年代，热闹的演出现场给人们带来了新时代的欢乐。演出的那些节目里，有老百姓以前就熟悉的，很亲切；也有他们从来没见过的，很新奇。

山西原本就是一个文化大省，是有着丰富历史的一个省，民间各个县几乎都拥有自己的历史和特色传说。

比如说新绛这个地方，在古代是赵国的首都，历史悠久，故事也特别多，戏曲里演的《赵氏孤儿》，说的就是新绛的故事。

还有，山西民间的锣鼓乐已经有上千年的历史了，锣鼓乐是个重要的民俗内容。锣鼓班子，几乎每个村都有。比如新绛县，就有威风锣鼓，这些都是出自山西的特产。

话说有一天在襄汾赵康镇的街上，锣鼓敲打起来，文艺节目开演了。四周的男女老少一听到，都跑过来看热闹。

赵康镇这一个地方的锣鼓班子就有好几个，什么东门的、南门的……每个班子都有领头人，这个领头的就负责组织还有传承，锣鼓经也是一套一套的，各个班子都有自己最拿手的绝活。

山西这个地方，分为晋中、晋北、晋南、晋东南，赵康属于晋南，戏曲上是属于南路梆子，另外盛行的就是锣鼓。

演出结束，锣鼓静下来，众人渐渐散去。演出人员正在收拾东西，才发现只有一个小孩儿还扒在锣鼓边儿上不肯走。

"这谁家的孩子啊？戏都演完了，快回家去吧。"

"这个，能不能让我也打一下啊？"

下一回演出队又到了镇子上，锣鼓开打。节目演完，打击乐师傅们一看，那个小小子又在锣鼓边上扒着，舍不得走开。

喜欢锣鼓的节奏和力度，喜欢各种乐器的声音和韵味。没办法，这就是小时候的王华杰。

不过那时候他太小了，人家也没法带他玩儿，也没把他当回事儿。

有个师傅摸摸他的脑袋："天快黑了，赶紧回家去吧。"

锣鼓班子散了，越走越远了。王华杰至今还记得：他一直就站在那里盯着他们的后影子，心里琢磨，他们什么时候还能再出来表演呢？

小时候的王华杰还特别喜欢到他舅舅家里，为什么呢？因为舅舅家有一样他特别喜欢的东西。

小华杰的舅舅，是军队里的一名医生，业余时间特别喜欢拉胡琴，一边拉一边还要哼几段戏。

有时候他就缠着舅舅："你也教我吧，教我拉一拉嘛。"

舅舅说："看看，就你这么小的手，现在你拉不了，等你长大点儿，我再教你。"

"你让我试一试嘛。"

胡琴拿过来，王华杰想办法拉了几下，那时候呢，什么也不会，就拉个空弦，他就觉得特别好听："我也能拉。"心里想我长大了，一定要拉琴，一定能拉好。

后来，王华杰读书的那个学校购买了步号，喜爱乐器的王华杰又有机会吹上了号。

这段时间虽然不长，王华杰却有机会频繁参加了各种文艺活动，他已经是个操琴娴熟的小琴手了。

不管在学校，还是在镇子里，小小少年的王华杰都参加了文艺宣传队。那时演出的内容，主要都是配合着国家和社会当时的中心任务，抗美援朝啊，土地改革啊。王华杰记得最清楚，他拉琴给人伴奏，第一个曲目就是眉户调子："梭多来梭发梭拉梭梭来多"，那一句里头词儿唱的是"今年是1950年……"

有好几次的演出中，乐队里其他乐手都是成年人，就他一个是小孩，可是他一点儿也不胆怯。就这样，王华杰小小年纪就被音乐接受了，被乐队接受了、认可了。这就奠定了他从事音乐的信心，小小的王华杰心里有数，自己在这方面就是能行！

天津的文艺少年

没过多久，王华杰跟着父母来到了天津。

进入了这个大城市，小乐手王华杰在更宽广的艺术天地里舒展奔放地成长起来。他一直是文艺活动积极分子，一直参加各种演出。

上小学时，王华杰参加了天津市和平区文化馆的一个少年艺术团。乐队排练中王华杰印象最深的是聂耳的《金蛇狂舞》，这个曲子里每一小节的旋律，王华杰到今天还记得很清楚。参加这些都是要通过考试的，能够考进这个艺术团的孩子们都感觉相当的光荣。

后来，一直到王华杰离开天津去宁夏之前，还没成年的王华杰都没有离开这个艺术团。

童年的岁月里，小华和中国无数的小朋友一样，在懵懂中跟着祖国踏进了一段新的历史时期。

20世纪50年代，天津小朋友王华杰也还是一个生长在城市里的普通孩子。但王华杰也有些不太普通，因为当许多男孩子在学校操场或巷子里忘情地奔跑打闹滚铁环踢足球的时候，王华杰却用他对民族音乐特别敏感的耳朵，追踪着各种乐器的声音，只要是见到什么京胡、二胡、板胡之类，他就爱不释手……凡能搞到手的，王华杰都学会了。

这样一来，王华杰在他上学的学校中自然而然就成了校园文艺活动的一名小积极分子。

当然，爱文艺的孩子哪个学校都会有，只是会玩乐器的孩子在那个年代很少见，王华杰就格外引人注目了。

王华杰少年时期频频参加各种文艺活动。主要是过年过节，比如说六一儿童节，还有其他的节日，学校都会组织孩子们演出。有的是和平区组织的，更大规模的就是天津市里有关部门组织的文艺汇演。哪个学校的学生能到区里或者到市里参加演出，都是挺不容易的。

"如果有这样的机会呢，我们小孩儿啊，就觉得是挺值得骄傲，学校里的老师校长也都很高兴。"

还有参加自己学校里的演出，王华杰主要任务就是给同学们的唱歌跳舞做伴奏。因为他会的乐器很多，笛子、扬琴、板胡、二胡等，会经常用得上。

在这些演出中，给小时候的王华杰留下印象最深的是50年代一次天津市全市组织的少年儿童文艺演出活动，是在第一民族文化宫举办的，规模挺大。

那一回搞活动，需要在全天津市选出四位少先队的小号手。其中就选到了王华杰。自己挺高兴，学校也觉得挺高兴。

不简单。因为在20世纪50年代，除了在音乐学院这样的专业教育机构中，社会上学习掌握各种乐器的孩子远远不像现在这么多这么普遍，当时那可是相当稀有的。

有魔力的声音吸定了他

王华杰一辈子也不会忘记那一天，那一天听到的有魔力的声音。

放学回家的路上，王华杰忽然停住了脚步，也不知哪家放的广播里，有一段王华杰从来没听过的声音。

王华杰听到了他长这么大从来没有听到过的挺奇怪的声音。

这声音陌生又熟悉。这是哪一出京戏里头哪个角儿在唱戏呢？怎么那样耳熟呢？

听着听着，王华杰似乎想起了某个大腕演员的名字。再往下听，王华杰就越听越惊讶了，不对啊，这原来不是人的嗓子在唱戏。

这是一把琴正在唱戏！这不就是一把胡琴嘛，是琴弦在震动，却发出了人的声音，它模仿得简直比人还像人。

不只学唱戏，还有学戏里头的道白，抑扬婉转，绘声绘色，不是几可乱真，有时彻底就乱了真呀。

孩子站在街边听了很久，他自己会的乐器也不少，怎么听不出来这是哪一种？

王华杰回家就去问他大伯：

"那个是什么琴呀？那是怎么拉的？"

"没听过吧？这叫大雷。"

就这样，王华杰第一次从大伯口中知道了"大雷拉戏"，更知道了有一个让神奇的雷琴发出神奇声音的人，他的名字叫王殿玉。

这一下王华杰小朋友心里就把这个琴和这个拉琴的人记住了。记住了又怎样，王华杰跟他虽在同一个城市待着，但彼此的距离十分遥远。

王华杰又回到了平常的每一天，上学读书，闲暇就玩自己的乐器。

孩子们的节日来了，这是 1954 年的六一儿童节，学校又开始组织孩子们演出，王华杰忙着跟同学们一块排练节目，也顾不上别的了。

这次的演出跟以往不太一样。

以前王华杰在学校参加各种演出，有时候是自己一个人拉琴，有时候是给唱歌跳舞的同学伴奏。这次的伴奏还安排了一个陌生的外校孩子跟王华杰合作。他是到王华杰的学校来借地方读书的。

这个男孩子为啥来借读？原来，他上的那个学校校舍需要维修重建，只能临时安排学生到别的学校上课。

等到老师给排练的时候，王华杰的眼前出现了一个年纪跟他差不多的手里也是拿着一把琴的小男孩。这个小孩名叫王福立。

演出之后，这两个"老王家"的孩子就算互相认识了。因为刚认识，也没多说几句话，不过，这个王福立小朋友时不时在端详着王华杰，应该还是挺友好的吧。

王华杰和王福立两个小乐手就这样成了知音。

没想到这次演出之后，居然又有人听说了王华杰，还有人要来找他了。

说起现在，21 世纪的中国，城市和乡村里，会乐器的小孩真是多了去了，钢琴、小提琴、古筝，到处都有家长带着孩子上课、考级。但在 20 世纪 50 年代，会乐器的小孩可是稀有品种，当时王华杰心里也有数，说起来也不算奇怪吧，不管怎么说，自己在多次的校园演出里，一直还是挺引人注目的。

是谁来找他呢？是上次一起演出的小朋友王福立，这小朋友说出了来意，王华杰一下子愣了。

"我爸爸要见你。"

王福立的爸爸名叫王殿玉。

天哪，这人正是王华杰在小心灵里琢磨了多少遍的那个特别神秘的人物。

这就是缘分，神了。王华杰激动得心在怦怦跳。

原来是王福立回家跟自己老爹汇报了。王殿玉的儿子福立从学校演出回来，老爹当然得问一下情况。福立说演出挺好的，顺顺当当。还说今天那个学校有个小孩儿还给我伴奏呢，琴拉得不错。

儿子说起的这个小孩儿，一下子就牵动了王殿玉敏感的神经，王殿玉觉得自己到了一定的年纪，要让自己的这门艺术能够传给更多的后代。王殿玉相信儿子能看上的，应该有点名堂。

王殿玉说，你看什么时候把那小孩叫过来吧，我看看他到底是不是个材料。

"我爸说了，问你，想不想学拉大雷？"

"想！想学！"

小时候的王华杰，哪能想得到王殿玉父子俩的一次对话就决定了他自己的艺术人生。

后来王华杰又无数次回想着这一幕，这就是贵人来到身边、贵人伸手相助的宝贵时刻啊。

在学校演出跟大师的儿子合作就已经非常幸运了。听说大师要叫他到家里见面，这个王华杰小朋友真是乐坏了。

说实话，王华杰对自己还是挺有信心的，不过也难免有点紧张，那可是一位大师啊。

14岁的王华杰终于来到了王殿玉的面前。从此以后这两个人的人生永远联系在了一起，

王殿玉家里的墙上挂满了各种乐器，王华杰小朋友一看就觉得如鱼得水，真是来对了地方。

王殿玉和王华杰的对话就从拉琴开始了。王殿玉拉一段儿，给王华杰示范解说。又叫王华杰拉一段儿王殿玉评点。一会儿拉，一会儿说说，一老一小越说越高兴。

盲人音乐家王殿玉虽然失去了眼睛的视力，但他内心对世事及万物皆是洞若观火。他看不着，但他听得明白，面对这个他听到的孩子，老爷子心动了。

"行，你这孩子一点就通，你这孩子还挺机灵的，就是你了，给我当徒弟吧，愿意不愿意？"

"愿意愿意！"王华杰简直不能相信自己向往的事情居然成了现实，回家的一路上都是蹦着走的。

世上哪里有这么好的事情啊，王华杰觉得自己运气怎么会这么好，想啥来啥。

多年以后，已经成为优秀雷琴演奏家的王华杰，想起一开始自己这段与雷琴的缘分，总是感叹不已，也庆幸不已。

幸亏有外校的学生来王华杰的学校借读，幸亏两个小朋友在一块演出，而最根本的还是，王华杰因为自己的音乐天赋和用功，站在了优秀演奏家搜寻人才的目标人群里，这就是偶然中的必然啊。

王殿玉当时在天津是个民间口头传说中的人物。人们都知道他大雷拉戏是独一份，还知道他从小就眼睛看不见，还知道他身形硕大，几乎是天津城里胖人中最胖的那一个。

王华杰第一次到师傅家里，给他印象最深的，并不是师傅视力与身材的特殊，而是墙上挂着的乐器，各种琴，最要紧的是一把王华杰从来都没见过的琴，这难道就是……

没错，这就是大雷，就是那天王华杰在广播里听到声音的那种乐器。

这把雷琴就是师傅的至爱宝贝。当时王华杰是想不到的，这把琴也成了自己这一辈子的宝贝。

王华杰一心要跟着王殿玉学琴，王殿玉也一心相中了这个孩子。

这是 1955 年，14 岁的王华杰正式拜王殿玉为师。

中国民间的拜师仪式，向来都是重视礼仪的。

王殿玉这次收徒弟，郑重地请来了两位自己最好的朋友在场做见证人，一位是曹东扶，另一位是丁当，他们是中央音乐学院的两位教授。

还有王殿玉的众多徒弟，也都跟着王华杰一起，给王殿玉奉茶，磕头，行大礼。

通过隆重的拜师仪式，王华杰开始了他不同凡响的雷琴人生。这一天，他正式成为王殿玉的登堂入室的弟子，而且是王殿玉的关门弟子。

中国人论起师徒的关系，比一般的师生关系，还是要更进一步的。

"师徒如父子，我们是切身体会过这样的感情。"

"老师对我影响最大，给我印象最深的是，他选择学生时对德的要求，特别严格。"

"老师说我们就要做好人，做好事，多多地行善。他自己曾经做过很多善事，比如说要好好对待各种小动物。"

"我老师在收学生的过程中，对德的考查非常严格的，如果通不过这个，很长时间或者多少年，都不收徒弟。"

"收我做徒弟，这个过程，是最快的，是闪电式，是关门弟子。"说起这段经历，王华杰当然是挺自豪的。

在收了王华杰做徒弟之后，王殿玉进行了他这一生最后三场的演出。

师傅演出的那天，马三立、骆玉笙等天津义艺界的名人都到演出现场给他捧场，当时，他们都是和王殿玉在一个团里的同事。

"王老板，哪阵风把你吹来了？"因为他们知道王殿玉已经好久都没有进行演出了。

王殿玉向他们介绍王华杰"这是我的徒弟"，让王华杰叫他们大伯大叔。

"明白啦，怪不得一下这么精神，原来是你新收徒弟啦。恭喜恭喜！"

这回只演出了三场。在这三场演出之后，雷琴大师王殿玉就再也没有登上舞台了。

多年关注王殿玉的同行与观众，都知道王殿玉是多么有才。被王殿玉口传心授的王华杰更知道老师是多么有才。王华杰觉得特别可惜的是，老师没能留下自己的原创作品，实在是因为视力的障碍限制了某些行动。

想到师傅，王华杰总会联想到瞎子阿炳的艺术命运，阿炳幸运地遇到了专家杨荫浏先生，才华得到了最大限度的发挥。

如果自己的师傅也能与杨荫浏式的专家合作，就可以有更多作品传世。

雷琴的启蒙一路陪伴

小学毕业，王华杰以优异的成绩考进了天津有名的南开中学。当时他获得的成绩，跟保送生的标准只差了 1 分。

1956 年，王华杰开始在天津南开中学读书。

考进南开中学的第一年，王华杰参加的课外活动，主要就是"北京到莫斯科"的象征性长跑。早晨起来就开始跑，每天都要跑 18,000 到 20000 米，把所有人跑步的路程数积攒起来，全校都有统计。

真的没有时间参加那么多文艺活动了，王华杰没有参加任何一个宣传队。

只是偶尔，王华杰和老师的儿子王福立两个人凑在一块儿，参加少量的规模不大的演出。

这些并不重要，王华杰最重要的文艺活动是跟师傅学琴。

课余时间，只要一有空，王华杰就到师傅家里拉琴，听老师当面指教。是啊，师傅眼睛看不见，但他的听力却大大优于常人。有时候有哪个徒弟来见王殿玉，人还没进大门，王殿玉在屋里就喊了，那谁谁谁来了吧，从脚步声就判断出来人是谁，更别说鉴别琴声和演奏技术了。

上课中，王华杰拉琴有什么毛病，师傅立马叫打住。

王华杰聪敏着呢。教琴的时候，如果师傅夸他，他开心。如果师傅狠狠挑他毛病，王华杰明白这才更是对徒弟好，越是挨呲儿的时候，王华杰就会更用心更努力。

从前只有在广播里才能听到的那些雷琴的唱腔，现在自己也能跟着师父拉起来了，这是多么走运啊。一边跟师父学着，王华杰常常觉得自己像在做梦一般。

一个曲子，又一个曲子，师父对着他自己看中的这个孩子，凝神专注，口传心授。王华杰跟师父学会了京剧《二进宫》、梅兰芳唱的《凤还巢》、程砚秋唱的《碧玉簪》、新凤霞唱的评剧《刘巧儿》，还有河北梆子等。这些都是必须学会的曲目。

王殿玉对王华杰的感觉是有两个阶段。

第一次见面的时候，这个小孩拉完琴，老师觉得挺满意的，说"你对音乐的感觉挺好的"，而且对王华杰演奏的音准节奏和他的音乐的基本素养，老师可以说是特别满意的，所以当时也就敲定了收他为徒。

后来在学习的过程中，老师也指出了他的不足之处。老师也会狠狠批评王华杰：

"是啊，你是学得快啊，可也忘得快。当时明白了，怎么下回来又忘了？你得踏实点儿，不然成不了大器，知道吧？"

老师这么一说，当时王华杰还体会不深，但是在后来自己学习和演出的过程中，也发现自己是因为当时接受的时候不费力，有些东西印象不是特别深，慢慢就淡忘和忽略了。老师的这个批评，王华杰在以后才体会得越来越深。

除了学习雷琴琴艺，王华杰这个天资聪颖又肯下功夫的孩子，读书方面一点也没有放松。小学毕业考中学，王华杰取得了优异成绩，考上了颇有名气的天津南开中学。他对自己的成绩并不是十分满意，因为只要再多得一分，王华杰就可以获得保送生的资格了。

从 1955 年开始，到 1958 年，紧跟王殿玉学雷琴的孩子王华杰在音乐和琴艺中长大了。

同时，南开中学的毕业生王华杰也在学业中长大了。

在单纯的青春期，王华杰就锻炼出了艺术上的老练。早慧，这是具有天赋者身上最多见的一种表现吧。

第三章

大地有胸怀

想不到的新家园：1958 年

1958 年，年仅 17 岁的王华杰加入了"支援宁夏"的队伍。

8 月份，经过长途跋涉，王华杰从天津来到了一个完全陌生的城市银川。

银川这个地名，他从小连听都没听说过。年轻的王华杰觉得这个从小都没有听说过的地方，一个远方的城市，正是他实现自己远大理想的充满了神秘感的所在。

在新中国的发展和建设进程里，20 世纪 50 年代，曾经有过一个影响了几代人理想和规划的口号："支援大西北"。

国家动员和组织全国各地的各行各业人力物力，奔向了当时经济文化等各方面相对落后的中国西北的好几个省份，这是一个规模很大的长久的持续发展过程。

而 1958 年，在中国西北部一个号称"塞上江南"的地方，省级行政区宁夏回族自治区即将成立，而银川就是宁夏回族自治区的首府。

当时支援大西北建设成为全中国各发达省份和城市都要承担的光荣任务。从北京、上海、东北、东南等地，都有各行各业的大批量的单位及人员来到宁夏这个第二故乡，开始了他们事业与人生全新的阶段。

来到当时比较艰苦的大西北，是要吃苦的，想得到和想不到的苦，人们都吃下来了。在第二故乡奋斗和创业的情节，可以一年又一年演出来，讲下去，有着无数的感人故事。

各领域中广泛的各行各业，其中也包括了文艺团体及文艺工作者。那时奔赴宁夏的文艺人才，他们来自中国京剧院、上海越剧团等，来自中国人民解放军的空政文工团、海政文工团、总政文工团、铁道兵文工团等。

当时在天津市，一个即将支援宁夏的文艺团体正在组建。组建初期工作的人员中，就有王华杰的一位大师兄，名叫翟润田，他很快就想到了王华杰。

王华杰已经有自己成熟的艺术特长，正在青春年少，家里边又没啥负担，正好是个合适的人选啊。

"去不去啊？"

"去！"

就这样，一个17岁的大男孩王华杰，收拾起简单的行李，离开大城市，离开爹妈，踏上了开往祖国大西北也是开往理想中艺术前程的火车。

就是说自己长大了，要工作了，是一份专业拉琴的工作，到一个又陌生又新鲜的地方，王华杰的脑海里展现出很多朦胧而活跃的画面。

王华杰乘坐的这趟开往宁夏的火车，刚好又是"特别列车"。这可是开进宁夏大地的第一趟火车啊，具有开拓意味的一趟列车。

可以想象这趟车上运载了多少故事吧。

1958年8月的一天，宁夏银川火车站，有个11岁的银川小学生，跟其他少先队员一起，又蹦又跳，手里举着鲜花向着刚刚开进站台的一列火车热情挥舞。

为了迎接包兰铁路上通达宁夏和银川的历史上的第一列火车，当地专门准备了隆重的欢迎仪式。为了记录这个难忘的时刻，有关单位还用电影拍成了一段《宁夏新闻简报》。

《宁夏新闻简报》的片子里，就出现了那个挥动鲜花的小朋友。她也是从外地来的，两个月以前，刚刚跟着父母从北京来到银川。

之前的 6 月份银川还没有开通铁路，火车只能到达兰州。接下来从兰州到银川的一段路程，小朋友一家人还是搭乘了长途汽车，又奔波了好几天才到达目的地银川。

车站上欢迎队伍中那个小学生，跟车上的王华杰，那时候当然谁也不认识谁。小学生没想到，那趟火车上有一个人，多年之后会是她的同事和朋友，在 21 世纪的今天又成了她全面研究的对象，在整整 60 年之后。

是的，小朋友就是笔者本人。

从年少到白首，是有个足够长久的渊源吧，写这本书看来好像是命运交给我的任务了。

说起祖国的大西北，当年那个 17 岁的天津大城市的小小少年，在心里头有过很多的想象。王华杰一直有个朦胧的念头，往西边儿最远最远的地方，应该是内蒙古的包头吧。

后来一听，才知道自己要去的城市比包头还远呢。

那边应该是一个美丽的、很有诗意的地方，就像歌儿里唱的，有蓝天白云，有无边大草原，人们都骑着马，在草原上自由地飞奔。

1958 年 8 月，王华杰他们登上了包兰铁路开往银川的这第一趟火车，终于在 8 月 3 日，来到了一个陌生的城市。

多少是有那么点失望的，哪里有什么大草原，一路上好像还看见沙漠了？

到了站，进了城里，路边都是一些土黄色的土坯房，连砖房都很少见，在来自大城市的年轻人眼里，这里可真不像个省会城市。看了一路，大家好容易看到了一栋小楼房，也就只有三四层吧，原来这是一家面粉厂。这是不是就算全城最高的现代建筑了吧。

银川这个不大的城市已经有着省会的身份和地位，但它从过去到如今，从规模来讲，总还是个小城市。

城市虽小，在半个多世纪中，各行各业里却都是百花齐放、人才荟萃，来自全国，包括文学艺术界。

王华杰他们来到银川，来到了银川很有特点的一个街区，文化街。文化街上有个文化大院。

文化大院真是文化人、文艺人扎堆儿的所在。这大院里集中了一堆文艺表演团体，有京剧团、越剧团、话剧团、歌舞团、杂技团等。

新成立的银川杂技团，是由天津市杂技魔术团和中国杂技团抽调了部分的演员组成的。王华杰一来宁夏，就分配到银川杂技团工作。

1958年从天津到宁夏，和王华杰同行的还有他的一个重要的伙伴，那就是他的大师兄翟润田。

王华杰拜师之后，各方面按从师之道的古训做事，对师父恭敬，对几位师兄一直真情如一。

除了当今跟他一起为雷琴艺术传承努力的宋东安和傅定远，王华杰其实还有一个年龄最大的师兄，这就是王殿玉门下最早的徒弟翟润田，这是他真正的大师兄。翟润田是最早跟王殿玉学雷琴的徒弟，也是学得最用心的一个。

这一大一小两个雷琴徒弟都是王殿玉的爱徒。

有个特殊的情况，翟润田和师父一样，是一位盲人。

这次奔赴宁夏，还是师兄翟润田先报的名。在他俩出发之前，师父有点严厉地叮嘱翟润田："你给我把王华杰带好了，他要是学不好，没长进，等着我收拾你！"

另一方面，师父也是指望王华杰能在生活里给失明的大师兄搭把手。

翟润田是王殿玉多位弟子中唯一的盲人。尽管多年来翟润田也如师父一样，已经练就了面对残障人士各种困难的本事，但有些无法克服的难处，还得旁边有个人帮一把。

到了宁夏之后，翟润田和王华杰被分配到银川杂技团工作。王华杰的主要任务是给师兄伴奏，师兄是表演大雷拉戏的。

师兄拉京剧，王华杰用京胡伴奏；师兄拉豫剧，他就用板胡伴奏。

这样，17 岁的大男孩王华杰，除了到一个陌生的地方开始人生第一份工作，还要时时惦记和照看翟师兄的衣食住行，周围的人们看在眼里都被感动。

在这个西北城市生活了一个阶段，面临越来越多的困难，翟润田跟师父商量之后，1962 年，他自己还是选择回到天津发展了。在银川的这好几年，一直是王华杰在照顾他。

而小师弟王华杰一个人就此留在了宁夏，这是王华杰人生真正的开始。

刚参加工作，王华杰在杂技团里的身份是学员，工资待遇每月 27 元。日常生活很简朴，演出也常到环境很考验人的基层。

那个时候，宁夏以及银川工作生活各方面的条件都比较艰苦，而且文艺团体组织演出，除了有少数的机会在城市里或者到大城市参加较大规模的汇演，其他的多数活动都是送文艺下基层，特别是到农村演出。上山下乡，多年来，王华杰和同事们演出的足迹遍及银川以及全自治区的大部分地区。

特别是从 1958 年到 1968 年，在银川杂技团工作的 10 年里，王华杰和同事们一起，度过了最艰苦的演出生涯。

如果到农村演出，往往是天不亮就得起床，还要背着自己的行李。有时连汽车都没有，坐着牛车向要演出的目的地出发。

等到了地方，天都快黑了，紧接着晚上还要开始演出。来不及喘口气，就得动手收拾，布置场地。

演出的环境也相当困窘，有的村子连一片宽敞的地方都没有。没办法，那就在打麦场上做表演。

尽管这样，演出还是特受群众欢迎的，现场是要多热闹有多热闹。

当时，中国的城市和乡村里普遍还没有电视，基层的老百姓特别是农村的，他们也没有其他的娱乐活动，观看文艺下乡演出就跟过年一样。现场演出的时候，房顶上墙上树上都扒着人，甚至电线杆子上都有人攀着。

老乡们没想到，雷琴这种他们从来没见过的乐器，拉出了他们平时最爱听的戏曲和民歌，老老少少反响热烈。眉户剧《梁秋燕》的段子一拉响，就有人跟着一起又唱又打拍子。秦腔《白蛇传》《游龟山》他们也喜欢。只要是他们喜欢的，王华杰就尽最大可能满足。

有一次，王华杰和小伙伴们一起坐在一辆大卡车上，赶路去下乡演出。天气变化，半路上突然下起了冰雹，小冰块都砸在他们的脸上头上，一下子特别冷，大家都在车上瑟瑟发抖。当时有个小伙伴实在受不了了，嚷嚷着要跳车，说我不想去了。说是说，就这样，孩子们最终还是坚持到了目的地，给群众演出了。

宁夏的南部山区，在过去的年代曾经缺水到了严酷无情的程度。演员到了那里工作，就和当地老百姓一样惜水如金。能喝到的水，也只是一碗浑汤。赶上冬天，还要到河里去把冰凿开，把冰块弄回来，化到缸里，才能喝到水。

演出之后也没有很正规的住宿安排。好一点，能住在老乡炕头上。有时住在学校教室里，在破旧的课桌中找出相对完整的，拼成床铺。有时甚至会在磨坊里凑合。

在如此艰苦的环境里一次一次上门为群众演出。当时不光是杂技团，本地的其他文艺团体，这些文艺工作者，都像王华杰他们一样，在艰苦的环境中为老百姓送去欢乐，奉献自己的一份热情。

演出任务之外，还参加体力劳动，和普通劳动者一起，体验生活，体验艺术里和艺术之外的世界。

来到宁夏在杂技团开始文艺工作的十年，是王华杰艺术生涯的起步。上了年纪之后自己回顾起来，他认为这一段的人生挺有价值。因为那时他很年轻，精力充沛，可以坚持天天持琴的苦练。也因为他虽然年轻却领悟足深，知道年华当惜，抓紧了岁月。

练琴，练琴，给自己规定，每天清早4点3刻起床，到团里的排练厅拉琴。一去看看还没有人来就特别高兴，可以一个人好好练一练。

一个拉着琴的大男孩，就这样，在汗水和灵感共存的艰苦之中成长起来，直到他的艺术才能日益绽放。

在成为杂技团"学员"一年之后，王华杰就随团到外省演出。王华杰正式的第一次在专业舞台演出是在兰州大剧院。

那年，银川市的文化系统策划了一个到全国的巡回演出。银川杂技团的第一站城市是兰州。

1960年在兰州大剧院，王华杰第一次面对观众独奏雷琴，

在银川杂技团排练

十九岁

宁夏秦腔剧团合影

参加宁夏歌舞团演出

从此开始了他正式的雷琴生涯。

王华杰年龄虽小，说到演出他可经历得多了，一般来说还是挺有把握的。但这回不一样，他是作为一名专业演奏员走上专业的舞台。

曲目包括两个：京剧《二进宫》、秦腔《断桥》。

雷琴在一个西北大城市亮相，王华杰这个年轻的演奏者亮相，首战告捷，获得了意想不到的赞许。从这个舞台开始，雷琴特别的魅力在西北几个城市的演出界开始施展，王华杰很快就小有名气了。

在那个时代，是雷琴让王华杰克服种种困苦和艰难，使他的雷琴艺术经过一步步磨炼，走向成熟。

1968 年银川市杂技团解散，王华杰被分配到银川市秦腔剧团工作。

之后，又先后在银川市文工团和宁夏歌舞团等单位工作。

雷琴的流浪：杂技、秦腔、歌舞……

1968 年，风云动荡。

当时正值"文化大革命"期间，跟其他省区一样，宁夏整个的文艺界、宁夏文艺界的各类文艺表演团体，都出现了激烈的变化。有好几个专业团体说解散就解散了，比如话剧团、越剧团、杂技团等，都经受了这个大"休止符"的叫停。

团体解散以后，有些人员调整到另外的岗位继续从事文艺专业，这是比较幸运的。还有部分员工就彻底改行了，直接分配到工厂或是商业部门等，不得已地担负起跟文艺完全不相干的工作。

王华杰所在的银川市杂技团也是被解散的单位，一时间大家各走各路，整个单位里一片静悄悄。

王华杰说："你能想象吗，杂技团那几天只剩下了三个人，乐队只有我和一个年龄最小的小张。"

进入了这个"过渡等待期"，有关王华杰的岗位安排，一时间还没有什么动静。他只有等着等着，可也不知道在等什么。稀里糊涂地，不管怎么样别人都落定了工作的新单位，王华杰不知道给自己的安排会是什么样。

后来才知道，当时银川市计划要成立一个全新的文工团，上级文化部门把王华杰先留下来了，是打算让他和另一位同行李景熙会合，让这两个人去给文工团做一些早期的筹备工作。这个未来的银川市文工团啥时启动？并不知情的王华杰和李景熙都还在茫然等待中，等待进一步的安排。

终于有一天王华杰收到了通知，有一位当时进驻文化厅的军代表刘同志打电话过来，直接通知他：

"王华杰同志吗？你明天就到文化厅来吧，到文革领导小组来报到。"

"文化大革命"时期有一个阶段，在各行各业的一些部门都进驻了军队代表。当时在宁夏的文化系统，也是有军代表来主持工作的。

这次的报到意味着什么呢？自己的琴、自己的音乐从此要朝哪个方向迈步，王华杰心里有点找不到北，只有听从命运安排吧，赶快去见刘同志。

面前这位陌生的军代表，神态严肃郑重，简单宣布了上级的安排：

"经过'文革'领导小组和军管会的研究，要求你和李景熙同志两个人，明天到宁夏秦腔剧团去报到。"

秦腔剧团？王华杰一下子蒙了，愣在了原地，真是没法猜啊。

虽然之前王华杰在雷琴演奏中也偶尔接触过秦腔，但这门戏曲当时还完全不是他全情投入的种类。他心里已经有了各种各样关注的戏曲和音乐，但绝不是陌生的秦腔啊。

王华杰忍不住立马就表达了自己真实的想法：

"为什么是秦腔剧团？我也不懂秦腔啊，对秦腔我是个大外行，那我怎么去工作啊？"

关键是，到了秦腔剧团，雷琴不就彻底"失业"了吗？

"同志啊，这可是组织分配工作呀。不管你个人喜欢不喜欢，去也得去，不去也得去。"

还有别的可能和选择吗？没有。

王华杰的主业是雷琴，秦腔剧团的演出里当然没有雷琴这个项目，秦腔的乐队编制里也不可能有雷琴。

好在于雷琴之外，王华杰还会演奏其他好几种乐器。到秦腔剧团乐队工作,王华杰只能把心爱的雷琴先放下了。别的,能干啥就干啥,那就先搞乐队的建设吧。

在宁夏文艺界,比较特别的一个团体就是秦腔剧团,因为它在本地是最接地气的。秦腔的发源地本是陕西,而在宁夏,它也是民间最流行的剧种,当地的秦腔观众追角儿热情多年不减。

秦腔剧团的演员和乐手,多数都是宁夏、银川本地人或西北地区人士。

没想到,后来在这个自己先前并不怎么关切的戏曲环境中,在这个人群里,王华杰渐渐成了大家的挚友和兄弟。

"到了秦腔剧团之后,我首先关心的,当然还是乐队的事情,我发现这个乐队编制也不健全,总共只有板胡、三弦、笛子、二胡、扬琴,还有一把大提琴,就是说乐队构成是非常单薄的。那我既然到了这里工作,我就要关心乐队的建设,包括给乐队添人员、添加各种乐器。"

先在完善人员编制方面开始行动。乐队的建设中,除了乐手,作曲配器的专业人员也很重要,都得充实力量。

忙了招收人员之后,接着就是忙添置乐器。

那一阶段,因为要一次次到外地买乐器,王华杰的出差很是频繁。出差多了,而单位可以支付的补贴经费却是补不上实际花费的。自己有限的工资收入扛不住亏空,那几年王华杰的家庭经济漏洞一直就补不上,家里入不敷出成了一个常态。

可是，这乐队打基础的大事他必须坚持到底。不仅搜罗民乐乐器，连购买西洋乐器，王华杰也一起能办就办了。

像我国的很多传统戏剧一样，随着戏剧文化的发展，宁夏秦腔剧团的乐队里，西洋乐器声部加入得越来越多。

进一步，在领导和同事们的支持下，秦腔剧团正式建立了一支西洋乐队。

这支管弦乐队，人员建制和乐器都相当齐全了。人最多的时候，有将近60个人。那一阶段，有时在演出现场乐池里的乐手和乐器挤得快坐不下了。

在秦腔剧团乐队的建设过程中，王华杰起了很关键的作用。他做事用心用力并且很有实效，功不可没。

王华杰本人也没想到，后来他渐渐深入了解了秦腔，而且在秦腔的领域里还找到了雷琴的一片新天地。

可是还有一个没想到，宁夏秦腔剧团这个本地戏迷的最爱、戏迷们多年钟情的追星目标，有一天也会解散了。

1969年，银川市文化系统开始筹备，要成立一个新的文艺团体，这就是银川市文工团。

这个新生的团体首先选调了宁夏回族自治区文艺团体的一些资深业务骨干，来承当新团的核心，他们就是后来在学员编制的体制里培养年轻人的一些有资历有经验的老师，歌队的、舞蹈队的、乐队的。舞台美术方面也调集了各路人才。

团里在不长时间里下大力气，从银川本地和北京、天津、兰州、成都、大连、呼和浩特等城市招收来一批又一批新人。他们从当学员开始，接受老师们的系统培训。

在银川中山公园一个挺简朴的小院子里，说着不同方言的年轻人，满怀艺术热情排练起新节目来，颇有一番气象。常常是天都黑了，中山公园的一角还灯火通明，歌声阵阵。

这个市一级的规模不大的团体，新人多，经验少，当时还没成多大气候。为了有别于自治区级的歌舞团，人们简称之为"市团"。

当时银川的文化系统经费有点拮据吧，市团总是没地方待着似的，几年里搬到这儿搬到那儿的，折腾了好几回。

开始在秦腔剧团的旧址凑合了一阵，后来又搬到公园中"少年之家"的院子里。甚至还曾经驻扎在郊区的古寺庙。

而这个文工团最后落定的地址，可参见一篇纪实小说的描绘：

从前有一个小城，城里有一个电影院，是这个城市里唯一的电影院。

电影院放电影的幕布后面是一堵大墙，这大墙后面是一大块空地。有人说，应该在这后面接上一块楼房，这个点子出得很是富有创意。

这块楼房真给接出来了，像一只旧锅接上了一个新锅底，在这个"锅底"中，诞生了当时这座城市里唯一的文艺团体。

这个"锅"就变得很怪,也许就反而有了灵气。小地方的文艺团体后来出了不少中国艺坛上的风云人物。多少年之后,这些人也都不止一次"神回"这个特别的"后台"。

这是某小说里的一段开场白,描述的正是本书主人公王华杰曾经供职的一个现实的环境。

笔者本人也就是在这个地方认识王华杰的,1971年,他从别的文艺团体调到了这个团里来。

在那篇小说发表之后的很多年里,这个单位里又出现了更多出色的人物,其中也包括这本书也要写到的这个出色的人,这个我在现实生活中遇到的"哥们儿"。

至今记得在那个院子里,我和王华杰随便聊起过的不少话题。那一个院子,根本就是一个小舞台后面的大舞台,是各种艺术和人生戏剧的舞台。

说起来,我和他都是拉琴的人,但我是拉了一半就只能放弃的人,他可是拉着一辈子琴的人。我只是一个平庸的拉琴人,他才是一个真正出类拔萃的拉琴人。

因为工作中的接近,在有些方面,我比其他人更多一点了解他,所以特别想让更多的人认识这个不平凡的人。王华杰是稀有品种音乐家,他得心应手驾驭着一种在乐器队伍里数量最少却仍然在演出的乐器。

时至1971年,银川市文工团已组建成了,正需要开拓发展。

银川文化系统的一位领导代文英，把王华杰找来谈话，热情动员他到这个新团体里来工作。王华杰最钟爱的雷琴已被搁置多年。这下他才是英雄又有了用武之地。

王华杰和他的雷琴终于回来了，回到了本应属于他们的舞台。"市团"，是王华杰和雷琴新的开始，辉煌的开始和未来。

"到了市团以后，乐队建设方面，我也尽可能地做很多工作，包括西洋乐器的购买，竖琴啊，铜管乐器啊，这些啊，自己是亲力亲为，到全国各地去购买，寻找最好的乐器。"

"说起来，我也不是领导，也不是队长，但是出于对音乐的热爱，而且在一个单位作为乐队的一员吧，我总想为这个建设出一份力，多年来尽了自己的一份心意。"

没想到这个新成立的银川市文工团，历史却相当短暂。1969 年成立的，1985 年就撤销了。

但这短短 17 年里，小团体里来自天南海北的艺术与青春激越地绽放，那么多难忘的作品、难忘的才能、难忘的故事。几十年后的今天，从这里走出去的艺术奋斗者，在中国的大城小市，在世界的各种角落，成功地施展才华，成绩斐然，扳指数来真有不少呢。

这其中当然包括王华杰，在"市团"最出色的人群中，王华杰的艺术成就独树一帜。

1958 年就来到宁夏，从少年走到中年的王华杰，经营雷琴，经营乐队，也和妻子一起经营着自己的家庭。

前面说过，热心音乐事业的王华杰，演出之外，还要常常为乐队的基本建设外出奔忙。他们俩收入本来就不高，额外支出一回接一回，家庭经济多次出现缺口，常常困在拮据之中。

后来，他家的三个女儿都考上了大学，钱的困难直接摆在眼前了。为了供孩子们上学，王华杰夫妇下决心一起到深圳去打工挣钱了。那个年代很多人会选择经商的，也能获得经济效益，王华杰是有自知之明的：自己根本不是经商的那块料子，他就试着接了一份管理工作，在深圳"另类"奋斗了一个阶段。

接着他就做准备，要到上海民族乐团工作了。那边已经明确表示了很需要他和欢迎他。

1979 年，宁夏歌舞团要到北京参加庆祝新中国成立 30 周年的演出。他们考虑本团器乐这一部分力量不足，所以就想到，能不能把"独有一琴"的王华杰调来，先借过来也行。

说得好好的，参加这次演出，是暂时借调。

当时，王华杰已经准备调动到上海民族乐团工作，手续已经办得差不多了。

"说好了啊，等演出完了，我就回市团。"

当时从文化厅、文化局到歌舞团都答应得特别好。说演出完了就让王华杰回归市团，也不耽误往上海民族乐团的调动。

改革开放以后，宁夏和全国各地一样，积极开展了各个领域的对外交流，包括文化交流。作为回族自治区，跟一些伊斯兰国家开展多方面交流就是很自然的趋势了。

有一天，银川红旗剧院刚刚结束了一场演出。之后，在一间首长休息室里，观看演出的首长和参加演出的主要演职人员进行座谈。

有一位到会者在发言中特别表扬一个节目，这就是王华杰的雷琴独奏《永恒的爱情》，发言者是巴基斯坦驻中国大使馆文化参赞哈比卜先生，他是应宁夏回族自治区文化厅外事办邀请而来的。文化官员当然懂文化，参赞先生热情赞扬："没想到，用中国乐器演奏巴基斯坦歌曲，比我们自己唱的还更加好听呢。"

参赞先生希望为中巴文化交流多做一些工作，后来王华杰他们到北京演出期间，哈比卜先生把他们接到了大使馆相谈，哈比卜先生表示愿为中国艺术家提供巴基斯坦的音乐资料，以利开展更多的相互学习与合作。

说起这次在北京民族文化宫的演出，基本就是王华杰艺术经历中最热的一场了，王华杰说起来就像是昨天才演过的：

"这一次在民族文化宫的演出，是中央电视台所做的面向全国的直播，可以说是我个人艺术生涯中演出状况最好的一次。返场6次，上上下下跑了十几趟，感觉就是琴拉完了，我这台就下不来了一样，观众们特别热情特别高兴。"

看到王华杰的雷琴受到如此空前热烈欢迎，宁夏回族自治区文化厅和自治区歌舞团的领导也都非常满意。

王华杰最后还是成了"区团"的人。其实北京这边正演出的时候，那边直接就把他调往区团的手续给搞定，从"市团"

给"薅"了过去。

宁夏歌舞团 1979 年在北京民族文化宫的演出，是一次轻音乐乐队亮相，第一次有吉他、沙锤、架子鼓这些乐器上了舞台。

演出中用到的吉他，还是跟医院的一个大夫临时借来的，连参加演出的乐手有的也是借来的。

那时候"文化大革命"才结束不久，文艺界的改革开放还在试探中，充满新奇感，又小心翼翼。这次演出的乐队阵容一下子别开生面。

"那时候不管在哪个团工作和演出，我都热心参与乐队建设的工作，找乐器买乐器，调人借人，投入了大量的精力和时间，把家务都扔给我媳妇儿了。"

"那时候也可能有点傻吧，但我就是喜欢乐队，喜欢乐队的事业。"

参加了宁夏歌舞团这次北京演出之后，上海民族乐团那边就催促王华杰调动过去，而这边就已经不肯撒手了。

后来解放军杨得志上将到宁夏来视察工作，偶然间，他了解到这里有王华杰这么一位有着特别风格特别乐器的演奏家。杨得志同志提出建议，要把王华杰调到兰州军区的战斗歌舞团。

这边有位同志当时就回答说，王华杰同志已经调到上海民族乐团了，调令都已经来了。这样，调到兰州军区的可能也就不存在了。

就这样，上海那边没调成，到兰州军区呢也没调成，对于王华杰的雷琴发展来说，也可能错过了某些更好的机会吧。

上海民族乐团为了这次调动，是用零点几零点几凑起来指标的方法，好不容易凑成了一个调动的指标，结果呢，难得的指标就这样没能用上。面对这样的苦心孤诣，王华杰本人觉得非常抱歉，非常对不起人家。

后来中央民族乐团也曾有调动王华杰过去的意向，但是因为北京户口非常难解决，调动也没有能够实现。

这就是命运吧，于是王华杰就和雷琴一起在宁夏一待待了60年。

是雷琴，给了他这个使命。

1979年，王华杰正式调到了宁夏歌舞团。

到了省一级的文艺团体，按说，应该能进入一个相对更高级更完备的音乐团队。王华杰一方面要拓展自己雷琴的表演，同时也很自然地关切起民乐队伍的建设。

但让他完全没想到的是：从1958年到1985年，这么多的年头了，这个省级的歌舞团，居然一直就没有建立民乐队的专门编制。在这个歌舞团里，民乐队的地位，只是设在西洋乐队下面的一个小组。

王华杰调过去以后，经过他和大家的努力，歌舞团建立了一个完整正规的民族乐队。

致力民乐队建设的同时，王华杰也努力促进在西洋音乐和现代新形式音乐方面的发展，他利用能找到的各种渠道，多方开发资源。宁夏歌舞团乐队在全国率先引进了世界知名品牌的架子鼓、电子琴、电吉他、手风琴、电贝斯、一些新型的音响设备等。

如前所述，在 20 世纪 70 年代，当宁夏歌舞团把这些世界领先的电声设备使用在演出现场，一些外省同行觉得有点惊讶，地处相对不发达的西北地区的一个文艺团体，却在这方面走在了前端。

完美的相与：南方、北方

说起天津，这个城市是王华杰少年时代对他自己影响最大的生存环境，也是他人生中最重要的那个人出现的地方。当然，那个人就是影响和造就王华杰音乐生涯的恩师王殿玉先生。

说起银川，那是王华杰人生中另外一个最重要的人物出现的地方。

那是在青春时代的 1960 年，王华杰工作所在的银川市杂技团接到了一个额外的任务，让乐队去给一个业余的文艺宣传队帮忙伴奏。

19 岁的王华杰和他的同事接到任务就拿着乐器去参加排练演出了。那个业余宣传队是本地一些部门组织的，在市里已经演出过很多场次，挺活跃的。

能请到专业团体的老师们来给伴奏节目，宣传队的年轻人都特别高兴，能学到什么也都抓紧探讨请教。

宣传队里边有个上海女孩子潘敏慧，举手投足生动活泼，说起话来特别有趣。渐渐地，王华杰发现，跟宣传队一起排练完了，回来之后，脑子里还老是有这个小潘的样子和声音。

排练，演出，排练，演出，自然而然，王华杰和小潘越来越熟悉起来，两人也越来越说得来。

当时王华杰是杂技团乐队里最年轻的，而潘敏慧在宣传队里也是年龄最小的一个。或许是年轻和单纯，使得他们之间更没有什么障碍和间隔，水到渠成，在人生路上欣然相逢的两个人走到了一起。人生永久的伴侣都是这样，偶然里头有必然。

笔者到王华杰家里做客，有机会就要进他们那个小房间里瞧一眼潘敏慧的一张青春照片。可想而知，照片里这个生动可爱的上海姑娘，当年将王华杰是一把就拿下了吧。

而另外一幅更加打动我的照片，是他们两人刚刚相识的岁月里生活中放松状态的自然合影，洋溢着满满的青春的相依，这是我在 2024 年的今天才看到的，也就在这本书里。

有时候我说："你们也聊一下恋爱故事呗。"这两人都有点不好意思细说。可以看看他们的小女儿琳琳的一段文字，倒是描绘得准确传神：

> 爸爸北方大汉风趣幽默高大帅，气质非凡，却又内敛克制；妈妈江南女子瘦小柔弱聪明美丽，却又可爱开朗。

1958 年在宁夏发展的历史上是值得关注的一个年头。这一年来自全国各地的经济文化力量，各行各业人才，投身和植根宁夏这片土地。天津小伙小王和上海姑娘小潘，都是属于这千千万万中之一。

说起来，到宁夏的那些上海人，似乎是在许多外地人之中更受关注的人群，当时有一个民间流传颇广的段子：

> 阿拉上海人
> 来到宁夏城
> 三天没吃大米饭
> 饿得阿拉肚子疼

其实，这个段子也并非对上海人有什么恶意，反而是表现出宁夏当地居民对大都市上海人的一种特别的好奇与关注。再说宁夏号称"塞上江南"，本地盛产大米，大米多得是，质地还十分优良，上海人来到这里要吃大米，要多少有多少。

实在情况往往是另一回事，当地老百姓有不少是很看好上海的都市时髦，对这个沿海大城市颇有新奇感。比如，在那个没有快递的年代，宁夏有很多人都喜欢请出差的朋友一次一次从上海捎各种各样东西回来。穿出一件上海买来的衣服，就会天真地炫耀一下子，感觉挺先进。还比如，哪家的孩子找了个上海籍的"对象"，也是挺有面子的。

如今说起少年时来到宁夏的件件往事，王华杰夫妇两人充满了亲切感，很满足很甘心自己为这片土地奉献了青春，他们忘不了在那些困难的年代里，淳朴的宁夏老百姓对他们帮助的点点滴滴。

话说各地人有各地人的优点，各地人也会有各地人的毛病。而来自北方的王华杰，跟来自上海的潘敏慧走到了一起之后，于岁月长河中风风雨雨朝夕相处，生活习惯互相磨合，取长补短，相得益彰。

与夫人潘敏慧的初次合影

20世纪60年代在上海出差

早年的全家福

带孩子游园

理想进行中

　　他俩的孩子见证了长长岁月中温暖的一幕幕，女儿琳琳是这么说的：

　　　　自相识以来，爸爸一直紧紧握着妈妈的手。从"低标准"到"文革10年"，直到"改革开放"，爸爸全力呵护着她，从未让妈妈干重活累活，从未让妈妈担惊受怕。爸爸主动承担家务，做起了水暖工、电工、搬运工、修理工、厨师、司机、保姆，做到了一个丈夫能做的一切事情，所以59年来，妈妈活泼可爱的性格一直未曾改变。

　　"文化大革命"期间某个阶段，正在积极工作天天向上的王华杰，突然遭遇了当头一击：直接通知，不让他在单位里工作了，甚至不允许他在银川城里生活了。

　　不知怎么回事，王华杰忽然莫名被归类为"黑五类子女"，按当时某部门的所谓"规定"，要将王华杰"迁赶"到宁夏最穷苦的一个地方，叫作黄茆山。

　　头天晚上宣布了，那你第二天就必须出发。所谓"迁赶"，是"文革"中流行的特殊时期的特殊词汇，就是把认定为"革命对象"的个人或家庭，从城市驱赶到那些生活条件特别差的边远地区。

　　黄茆山？

　　很多人都知道宁夏的西海固，那时候西海固还是最典型的贫困地区，而多数人都没听说过黄茆山。其实，黄茆山才是宁夏的一个最苦的地方，比最著名的那个艰苦地区还要苦。

　　生活在那个地方的人们几乎连一棵菜都吃不上的，赖以充饥的主食，不是米面等正经粮食，而是"散饭"，这是一种类似蒿子籽的植物颗粒做成的食物。

　　潘敏慧很清楚王华杰将要面临的是什么，吃惊，气愤，担心，但她却又十分镇定。她太了解王华杰，坚信王华杰是个好人，决心跟王华杰一起面对可能要来的一切：

　　"没关系，我跟你一起去。"

　　王华杰永远不会忘记"我跟你一起去"。在当时，最主要的还不是一起吃大苦，而是小潘肯定还会遭受"立场错误"的巨大压力。

　　在这个人生的关口，也许是因为好人总有好人帮吧，王华杰当时的领导——一位正直的老团长出头了，他果断表态澄清事实，说王华杰的家庭并不是什么"黑五类"，而且王华杰各方面表现一直很好，团里不同意对他实施这种处理。老团长的仗义执言成功奏效，这才免除了王华杰艺术道路上的一段曲折。

　　大半辈子了，王华杰和潘敏慧，感情和婚姻，认真地走过了每一步，经历了许多，走出一个共同的有价值的人生。

　　这两个人在各个方面都是协同互补，举个例子吧。

　　王华杰这个人在音乐专业上是特别自信的，因为他的成绩就摆在那儿的，不管到哪儿演出，上台一拿起弓子开拉，没几分钟，就会得到观众热烈的反响。更不用说，他还带领着一支特别的音乐队伍。他当然自信。

　　因为充分自信，所以他跟周围各种人相处的时候反而总是那么彬彬有礼，谦虚大度。

说起谦虚，有一件事儿挺有意思的。

他经常批评自己没文化，他嘴里念叨的"没文化"，主要体现在哪里呢？

说实在的，他的琴是拉得真漂亮，可是他写起字儿来呢，歪歪扭扭的，基本是要多难看有多难看，他也经常嘲笑自己的字体。

其实，他的文化程度并不低啊，虽然没上过大学，正经也是天津南开中学毕业的学生嘛，他还是用高分考上这个学校的。

笔者自己跟他相比，说学历其实也不相上下。笔者是"文革"那一代的老知青，高中毕业之后没机会接着上大学，多年之后，是通过自学考试才混了个大学文凭。

我说："说学历咱们都差不多，我一点儿不比你强啊。再说了，你'没文化'，还这么有能耐，还这么出名，你要是更有文化，那不就成了精了？"

这时候他就不再一个劲谦虚了，有几分得意地笑起来。

其实写字的事情王华杰也并不为难，因为他媳妇潘敏慧偏偏就写出来一手漂亮的好字。在没有电子设备代笔的过去，当有手写需要的时候，总是有媳妇可来代劳。

今天，完成这本书仍然需要他的家人提供种种资料，潘敏慧依然在用手写代劳。和王华杰一起经历了多少辛苦，她记不清也说不完了，但她依然心甘情愿辛苦着。

远远地紧跟：老师和雷琴

岁月更迭，而王华杰的手里牢牢端奉着王殿玉老师传下来的衣钵。王华杰天天都在练琴，雷琴就是他每天的生活，是他日夜晨昏的伙伴。

一早，天还没亮，王华杰似乎就听见雷琴在招呼他了："快起来啦，练琴啦！"

洗漱吃喝都顾不上，王华杰一把先抓起了雷琴。

那还是在他小单身汉的阶段，每天都是凌晨四点钟就开拉。杂技团的小伙伴们听着了动静，也都跟着早早起来练功了。

结婚成家以后，凡是要演出了，要排练节目了，王华杰就跟媳妇潘敏慧打个招呼：

"这几天，家里的事儿我就顾不上啦，只能你多辛苦了。"

他琢磨着指法弓法，随时思索着以前师父教给他的每一点诀窍。不只是想这些，还想着：不能只是收获雷琴和师父给自己的艺术财富，还应该对雷琴的发展做出自己尽可能多的贡献。

老师教过他的那些段子，还有老师本人演奏过的曲目，已经是相当的丰富。"大雷拉戏"啊"大雷拉戏"，那么多人被雷琴给迷住了，就是因为最爱听雷琴"唱戏"，所以，王殿玉老师演出过的段子里，百分之九十以上都是中国戏曲的唱腔，包括京剧、评剧、河北梆子等。另外，也有少量单纯的乐曲。

以前老师教给王华杰的雷琴传统曲目，那都是口传心授，亲自把着手教的。比如说，京剧的《二进宫》、梅兰芳的《凤还巢》、程砚秋的《碧玉簪》，还有评剧《刘巧儿》，还有河北梆子等。这些都是弟子必须学会的曲目。

老师最早教过的曲子，王华杰每一个都丢不了，每一个曲子到了王华杰的手里，都受到观众多次欢迎，被人们真心喜爱。

琴：呼吸着戏曲的神韵

瞧一瞧雷琴从创始人王殿玉老师那一代，传到几位师兄与自己这一代，其中有个关键，王华杰是最明白的：雷琴的生存跟中国戏曲的流行息息相关。

王华杰的雷琴，就从京剧这个出发的港口开始，在中国戏曲的大河里尽情地遨游。

雷琴这个乐器之所以能够诞生，之所以受到欢迎，就是因为它特别擅长表现戏曲，中国最广大老百姓最喜爱的戏曲，这就是雷琴初始的强大的生命力之所在。

以雷琴为此生事业的王华杰当然是深得要领的：

"表现戏曲，比表现一般的歌曲和其他形式要更好，因为戏曲，各种唱腔各有各的特点，群众又特别熟悉，你学得像，你突出它的特点能够到位，观众自然就认可，喜爱。"

"咱们中国的戏曲，在很长的历史时期中，我们的老百姓都是耳熟能详，无论哪个流派，都会有人很熟悉。所以以前我们拉的戏曲比较多，尤其是我，我们国家的主要的一些地方戏曲，我的演奏都涉猎到了。"

雷琴拉戏在民间最受欢迎了，甚至在很特殊的文化大革命期间，也一直都是这样的状况。

雷琴到了不同的地方演出，不同的观众就有不同的需求。

从1959年开始，王华杰到全国各地演出。每到一个地方，演出了几场后，观众就养成一个习惯了，就是每次都要在现场写条子递到台上，要求王华杰演奏他们喜爱的唱腔。

在雷琴演奏戏曲的多年经历中，王华杰发现，豫剧这个剧种是最受欢迎的，还有河南梆子。河南地方戏的影响，在中国很多省区的民间甚至超过了京剧。

特别是《朝阳沟》这个作品出来以后，传播面非常广，几乎是家喻户晓，似乎谁都会唱两句"亲家母，你坐下"，还有什么"前腿弓，后腿蹬"。

豫剧的流传不仅是在河南，还在山西、陕西、甘肃、内蒙古、宁夏等地活跃。新疆和青海，都有专业的豫剧团。

豫剧是王华杰掌握最多的一种地方戏，在他所开发的曲目当中，来自豫剧的选段是最多的。

比如说《拷红》，这个戏里的很多唱段，王华杰演奏起来特别受到欢迎，这个戏观众最感兴趣。如果第一次演出了，第二天再演出，写条子要求最多的就是这个《拷红》，都喜欢听这个红娘戏。后来还有《花木兰》，也是观众爱点的段子。

王华杰演出曾到过山西、河南，又到了陕西、甘肃等地。

到了不同的地方，观众各有不同口味。

要让更多的人听到雷琴，喜欢上雷琴，就要满足更多人的多种的爱好。王华杰在自己的演出中，不断开发新的表现领域。他一边琢磨，一边改进，演出的曲目品种越来越多。剧目里包括秦腔、眉户、山西梆子、河北梆子、评剧、吕剧、碗碗腔等。

所以以后呢，开发的曲目就越来越多了，比如说眉户，眉户也是很受欢迎的一个剧种。

后来还有越剧《楼台会》、评弹《蝶恋花》。这两个品种在上海和江苏表演起来，当地的观众更有亲切感。

在文化大革命期间，对京剧现代戏和歌舞的音乐，王华杰也做过一些开发。、

西北的一种戏曲叫作碗碗腔，也是具有相当特异感觉的。

在雷琴的演出和教学中，王华杰都演奏过碗碗腔曲目，获得观众的反响尤其强烈。

有一回，王华杰在音乐学院的讲学中表演了碗碗腔，用雷琴拉奏碗碗腔那是第一次。当时现场的很多专业人士，基本都没有听说和了解碗碗腔这门戏曲，对它很陌生，特有新鲜感。

说起碗碗腔，这是陕西华阴县（现华阴市）的一个地方剧种，地方戏曲。

众所周知，陕西地区另外还有一种最流行的戏曲是秦腔。

这两种戏曲同为陕西的地方戏，秦腔的风格是昂扬豪放的，碗碗腔却别具特色，它的唱腔是非常委婉细腻而动听的。

碗碗腔演出的最初的原始状态是一种很好玩的民间方式。演出的场地不是剧场或者室外的舞台，而是普通民宅的一间屋子，是一种很接地气的空间。

演出现场的状态也特别，往往是在一间不太大的屋子里，有一半儿都是土炕，有几个演员坐在炕上唱戏，还有十几二十个观众在炕的对面看戏。

一块幕布，一盏灯，演出就开始了。还有一个伴奏的乐器，这个乐器很简单，就是一个铜碗。一边唱着戏，一边用一根铁棍儿敲这个铜碗，就这么演出了。铜碗应该是起了戏曲乐队里板鼓的作用吧。

好像有点类似皮影戏的表演环境。

虽然碗碗腔的表演形式是这么简单和原始，可它的唱腔却是特别委婉细腻，不像秦腔那样吼着唱。碗碗腔引人入迷，非常好听的。

这一种戏曲曾经被叫作华剧，因为它是华阴的地方戏。不过它最直观的特点就是，唱戏时伴奏的乐器只是一只碗，敲着"碗碗"唱的戏嘛，人们还是都喜欢叫它碗碗腔。

联想起西方音乐的一些表演形式，王华杰说：

"碗碗腔，我给取个名字，它就是中国的室内乐。"

不仅是室内乐，它更是一种演出形式，有别于大型舞台演出的小型室内戏剧。

当然，近些年，碗碗腔的正式演出早已搬到了舞台上。如今碗碗腔拥有了完整的伴奏乐队。

王华杰曾在中国音乐学院第一次演奏碗碗腔。不过当时因为伴奏声部主要由合成器完成，没有能更细致地营造出生动活泼的韵味，王华杰自认为不太理想，没有达到最好的效果。

尽管如此，碗碗腔的这次演出还是独具吸引力。现场的听众，尤其是搞音乐的聆听者们，多数是从来没听到过碗碗腔的，他们感觉这是非常难得的音乐素材。

王华杰的雷琴曾在上海演出过一段碗碗腔《借水》。

"有人说，想不到啊，碗碗腔这么动听，这么优美。当时反响很大。"

王华杰演奏过的碗碗腔曲目中，还有一首是《红色娘子军》的选段。《红色娘子军》这个唱段，是陕西艺术研究院编曲的，这个研究院很有些人才。

这一段描写的剧情就是：女主角琼花被南霸天打昏，之后又被扔到了椰树林里。这时下了一场大雨，琼花就在雨中被浇醒了。苏醒过来之后她有一个唱段。在这个唱段里面，集中了很多碗碗腔最优美动听的旋律，可以说是百听不厌。所以，王华杰也特别喜欢这个唱段。

《红色娘子军》的这段唱腔，比起传统的《借水》那一段，艺术水准更有所提高。

用碗碗腔唱段演奏的曲目，雷琴之外的乐器也有尝试的。比如板胡演奏曲《红军哥哥回来了》，这个曲目当中，其实主要的旋律，就是碗碗腔里边的音乐。但是一般的听众，甚至搞音乐的专业人员，都并不一定知道，这里是采用了陕西地方戏曲碗碗腔的音乐素材。

《红军哥哥回来了》，就这个曲目，演出有 60 年了，一直很受观众听众的欢迎，可以说是常盛不衰。这就证明了碗碗腔这个剧种是非常富有生命力的。

近几十年，碗碗腔的表演进入了在正式舞台上演出的新阶段，又出现了许多优秀的新剧作、新曲目。根据芭蕾舞剧改编的《红色娘子军》，还有根据毛主席诗词意境创作的《蝶恋花》，这些都是碗碗腔戏剧创作与表演的新成果。不论是表演传统的那些古装戏，还是演出大型的现代戏，碗碗腔都是独具特色，皆能发挥出自己的长处，获得观众的认可。

在纪念王殿玉先生诞辰 115 周年的系列演出中，王华杰也表演了具有鲜明西北特色的碗碗腔曲目，反响热烈。

琴：感动在民间

一次次演出，观众们听着琴被感动，王华杰自己拉着琴也被感动。祖国的戏曲是一个多么神奇的宝库，发扬国粹的艺术活动过程，让王华杰充满成就感。祖先留下的好东西，一定不能白扔了。

说一说王华杰在 20 世纪 60 年代在宁夏贺兰县演出的事情吧。

那天王华杰参加的演出赶上了下大雨。那场演出刚开始的时候，只是下小雨，后来雨就越下越大了。

演出结束，演职人员各自收拾音响乐器服装等，渐次离开，准备上车返回银川。王华杰也收拾好了自己的乐器，他是最后一个从剧场出来的。

王华杰刚走到大门口，迎面出现了匆匆赶到的一帮人，看穿着就是当地的农民。

"我是最后一个从剧场出来的，看见这几个农民，有的穿着棉袄，有的穿着老羊皮，因为那天忽然下雨，天气一下特别冷。他们看到我呢，也不知道我是拉琴的还是唱戏的，就跟我说，唉，俺们白来了一趟，来就是想听那个梁秋燕，结果还是听不上了。我说你们是不是住得很远？他们说，就是太远了嘛，所以赶不上了。"

《梁秋燕》是一出当地群众特别喜爱的秦腔，王华杰当天在这个地方演出的节目里就有《梁秋燕》的选段。这几个老乡分明是慕名而来的。

王华杰说："那你们就跟我来吧。"

王华杰把他们领到了演出场地，请他们一个一个坐下来，他开始了一场特别演出。一听到亲切熟悉的《梁秋燕》，一张张憨厚的面孔顿时快乐洋溢。

王华杰不只是演奏了他们提到的《梁秋燕》，他还把这次演出的所有曲目，从头到尾，都给他们拉了一遍，一共拉了有40多分钟吧，老乡们高兴得不知说啥好。

面对这几位农民的雨中奔波，还有他们最初的失望和之后获得的快乐，王华杰感动感慨，觉得这辈子选雷琴选对了，值了。

我有这个责任！这是王华杰的心里话。当时想的就是一定不能让冒雨远道而来的观众失望，一定要满足他们这一点欣赏的要求。

让观众从琴声中得到快乐，这才是一个艺术家真正的收获。还有什么能比这更重要呢？

还有一回给王华杰留下特别印象的演出，是在陕西宝鸡。

宝鸡当地有个很有意思的文化现象，就是那里流行的最时髦的方言似乎不是陕西话，而是河南方言。

就跟在西安一样。西安也是流行河南话的。

河南方言的流行，主要就是因为河南戏曲的影响。

原来，那位闻名天下的豫剧名角常香玉曾经在宝鸡工作过一个时期。常香玉的豫剧表演在当地深受欢迎，这在相当程度上催生了一种现象：河南话在宝鸡和西安都流行起来了。

掌握了这样的背景，王华杰前往宝鸡演出，首先就选择了豫剧的曲目。毫无疑问，这是最受欢迎的。

选择的曲目肯定要符合当地观众口味的，演奏者又是雷琴技艺已经纯熟自如处在表演黄金时期的王华杰，这次宝鸡演出的成功自不待言。

王华杰最难忘的倒不是自己的现场表演，而是当地一名热情观众。

演出之后王华杰刚刚下场，有一个观众慕名来见，表示特别喜欢王华杰的演奏，要认识他，而且想请教和交流。原来这是宝鸡当地搞作曲的一个年轻人，看样子跟当时的王华杰差不多年纪吧。

两人一聊起来，就说得挺投缘的。从音乐聊到了戏曲，聊到了当时在全国都特别流行的豫剧《朝阳沟》。

"这个搞作曲的年轻人找到我，聊到了当时最流行的豫剧《朝阳沟》。他是非常痴迷，他把那个《朝阳沟》的所有的唱段几乎是全都给我唱了一遍。"

最重要的，这不是简单的唱戏、一般化的唱戏，这位年轻的戏迷表演得太完美了。听着初相识的他一通酣唱，王华杰被彻底地震撼。

"说实话，"王华杰面对写书的我说，"这么多年里，就包括电影，包括豫剧，包括在广播和电视里看到的《朝阳沟》的演出，我觉得，听到他在我面前的这场临时表演，超过了那一切，这么说也不过分的。他唱得是最感人最动人的，听得我眼泪都下来了，唱得我特别感动。他唱起来，那个感情的发挥，真是从来都没听到过的，唱得真是好啊！这次让我很受启发，真是没想到，在这么一个小小的地方，会有这么出色的人才。"

希望当年这位"临时演出"的宝鸡观众或许读到以上文字，能听到王华杰由衷赞美的心声。

第四章

成长的灵感

雷琴的生命在于成长

王华杰深谙雷琴的生命哲学：

"我觉得中国的戏曲，因为是在人民群众当中生根发芽的，所以就会具有特别强大的生命力。"

那么，跟中国戏曲紧密结合的雷琴艺术也就是一样的，有着一片最广大深厚的根基和土壤，体会到这一点，给王华杰的艺术拓展增添了更多的勇气与智慧。

在演出现场，当手里的雷琴和现场的观众打成一片，这就是一个音乐人一个艺术家最自在、最忘我的时刻了。还要什么呢？其他都不重要。

多年来在移植和表演的过程中，王华杰对每一个曲目都要精益求精，都是要尽量用雷琴来传达出曲子本身的神韵，他对每一个曲子都是精心研究的，要找到最好的表现方式。

比如说王华杰开发和演奏的雷琴曲《铡美案》，这是王华杰把京剧裘派唱腔移植而成的。在这过程中王华杰也是用尽了心思，花足了工夫。

王华杰曾在山东演出过《铡美案》这个曲目。那是在 1979年，参加了全国调演之后到山东的演出。

和王华杰一起演出的，还有出身京剧世家的李门和李超兄弟俩，他们给了王华杰一个特别聪明的建议：去见方荣翔。

著名京剧艺术家裘盛戎的传人和弟子方荣翔先生，正好就居住在济南，何不进行一次拜访呢，向方荣翔当面请教，这样不是可以把《铡美案》这个曲子修炼得更好吗？难得的机会。

方荣翔这位老艺术家热情接待了他们。老先生先把《铡美案》这出戏给他们讲说一番，然后由李门、李超兄弟两个伴奏，当面给王华杰表演了一段《铡美案》。

除了戏曲和音乐的交流之外，给王华杰印象最深的是，从这个老艺术家的身上感受到的老一代对传承传统文化的责任心和热情。

方荣翔对他自己的老师也是充满崇敬的，他说能拜到裘盛戎这样的老师，就是他人生最大的幸运。

王华杰深有同感，当然就联想到自己的恩师王殿玉。他一定不能辜负老师对自己的期望，手里这把雷琴要好好拉着，越拉越好。

在王华杰自主开发的雷琴曲目当中，比较有代表性的一个成果是《秦腔牌子曲》。

《秦腔牌子曲》最早是一首板胡的独奏曲。

这是板胡演奏家郭富田先生以秦腔曲牌为素材创作的，它具有鲜明的西北风味，问世以来很受群众喜爱。

之前王华杰也曾经用板胡演奏过《秦腔牌子曲》，那是在银川市文工团工作的时期。

当时王华杰演出这首曲子，基本上是依照郭富田原创进行，此外还加配了西洋管弦乐队伴奏。

那时候"市团"有个很"牛"的作曲兼乐队指挥名叫李爱华，来自中央音乐学院的音乐才子一枚。

王华杰自己一直从事的是民乐，可是对这位西洋乐专门家的老李，王华杰是有一种直觉的：如果请李爱华给《秦腔牌子曲》的伴奏声部做配器，肯定是做加法。

跟李爱华的这次合作，顺利而成功。

但是王华杰并不满足于此，他要开拓《秦腔牌子曲》更多的表现空间，认真琢磨之后，决心要将它移植为雷琴曲目。他感觉，秦腔的旋律和风格，也特别适合用雷琴来表现。

后来王华杰从市文工团调动到自治区歌舞团，有了新的发展空间，这是个机会。

他于是开始着手，将板胡曲子《秦腔牌子曲》改编成雷琴独奏曲。

比起板胡，用雷琴来演奏这个曲子，难度实在要大得多了。

从板胡移植到雷琴，不简单。同样一首曲子，到了雷琴上，王华杰才发现这曲子的旋律音域特别宽，高的很高，低的很低，用雷琴演奏，左手按弦的把位跨度很大。比起以前演奏的那些熟悉的曲子，拉琴的难度也要大得多了。

为什么难度大呢？说到根本，就是跟雷琴特别的构造有关。

弦乐器的专业指标中有一个叫"有效弦长"，它用来标明可以正常发出乐音的琴弦其总共长度的数值。

还有一个指标叫"音域"，它与人声表现的"音域"意义相同，就是说这乐器的发音，从低到高能有多大地盘。

而雷琴这种特别的乐器，在现有的弦乐器中（包括不少西洋弦乐器），是"有效弦长"相对极长的，"音域"也是极宽。本来这算是有利的条件，但偏偏按弦的只有一根手指，这难度就太大了。

知难而上，王华杰一段一段摸索，尝试了各种方法，将困难一一解决，完成了雷琴移植。

接着，王华杰又着力张罗用雷琴奏《秦腔牌子曲》的伴奏部分。

移植到雷琴，也得用上西乐队伴奏，这次给雷琴伴奏的配器，由另一位音乐人朱嘉禾完成。

雷琴版的《秦腔牌子曲》，演出大获成功。

后来，李爱华又将最早那一版为板胡写作的伴奏，改写成了雷琴《秦腔牌子曲》的钢琴伴奏。

钢琴伴奏的雷琴独奏，产生了不一样的听觉感受，雷琴特殊的音色，在钢琴陪衬之下，焕发出别样的魅力，给演奏者和听众带来新的发现与惊喜。

2017年，王华杰应邀在中央音乐学院讲学，他给同学们演奏雷琴时，就是使用了钢琴伴奏，获得了理想的效果。

用钢琴为雷琴伴奏，在雷琴这个稀有行当中，毫无疑问是一次稀有的创新。

并且，这也是雷琴器乐化的有关尝试。雷琴发展及研究很重要的一个课题，就是雷琴的器乐化。

雷琴本来就是就是一种乐器，为什么还需要专门探讨它的

杭州西湖三潭印月 1972.12

20 世纪 70 年代在杭州出差

器乐化方向呢？

雷琴出现的初始阶段，表演主要内容与形式就是模仿，模仿功能比较突出，模仿唱戏说话的人声，模仿世间万物之声。固然是生动，传神，也因此受群众喜爱。

但是雷琴的生命力还得有新的动力，王华杰深知，如果仅限于模仿，雷琴的发展路子也会有局限。

王华杰不断努力，在雷琴艺术的表现形式中摸索着前行。除了《秦腔牌子曲》，为雷琴曲目的开发，他还做出了更多的实绩。

王华杰开发的演出的曲目和涉及的门类，越来越多。

他跟笔者聊起这些，总是要提起他师父王殿玉早期对自己的多多提点，也常说到他两位师兄宋东安和傅定远的艺术成就。

浪迹天涯的雷琴音乐

雷琴的根基，初始阶段是在中国戏曲的土壤之上，它得到中国戏曲丰富多样的滋养而生长，戏曲的表现无疑是它的长项。

然而，时代在前进，群众的文化需要也在不断变更中。

20世纪70年代，中国改革开放之后，国内各个领域各个范围发生了很大变化，文化环境也是一样。

国内的文艺作品和形式一下子活跃和动荡起来，特别是国外涌入的音乐、电影多种多样，很有新鲜感和吸引力。相对来说，喜欢戏曲的人就越来越少了，尤其是年轻人对传统的东西开始淡漠，这也是不可避免的趋势。

20 世纪 70 年代演出

　　不断更新的现实就是：世界和中国都在被现代化的一切冲击、改变。

　　外来文化的冲击和影响，开阔了人们的眼界，改变着大家的喜好，因为有了越来越多可以追逐与享受的目标。

　　至于说到戏曲，王华杰发现无论在自己日常生活的周边，还是在雷琴的演出现场，对中国传统戏曲表现出热情的人，真的是越来越少了。

　　每当一个城市的电影院里有新的外国电影上映，就会有电影中的插曲很快流行起来。国外艺术团体频繁来访演出，加上曾经隔绝多年的港台演员歌手及文艺作品在内地亮相……

　　大量文化产品涌入，一下子陌生而充满新奇感的电影、音乐等令人目不暇接、耳不暇接。而国内的流行音乐也应运而生，蓬勃发展起来。

　　王华杰很清楚地意识到，除了演奏传统的雷琴曲目，还得开发新的表现内容

　　王华杰知道，自己手里的这把雷琴又要有些改变了。

　　艺术就是为人服务的，对观众一定要投其所好。雷琴还得拉戏，但雷琴再不能只是拉戏了。

　　还能拉什么呢？

　　如果你手里正拉的音乐，是他们耳朵里听到过的，是他们自己嘴里常哼着的，不论是他们已经熟悉的，或者是他们很喜欢却还没能捕捉到的，那都是一种完美的契合。王华杰想到这里，脑子里一下出现好几段他自己也很喜欢的旋律，就想马上

拿起雷琴来试一试。

就这样，从王华杰的琴弓之下，雷琴音乐的河流里出现了埃及、巴基斯坦、印度、印度尼西亚等国家的电影插曲和流行歌曲。

日本电影《追捕》放映之后，王华杰用雷琴演奏过影片中一段男声的歌唱，演出现场掌声如雷。

大家熟悉的《划船曲》、《鸽子》、《红河谷》、巴基斯坦歌曲、印度歌曲和很多电影歌曲，年轻人听到非常兴奋与迷恋。

敏感的王华杰，开始着手研究那些国家的风土人情，了解那里原生态的文化和音乐。王华杰着力于雷琴在域外音乐中的开发，多年里得到一次次收获。

那还是在王华杰上小学的时候，印度电影《流浪者》正在中国各地热映，这部电影里最受到观众欢迎的就是插曲《拉兹之歌》。

"到处流浪，啊，到处流浪……"，那时候，很多人嘴里都会哼上这么一段。

当时的王华杰也跟其他大人小孩一样，特别喜欢这部电影，里边的几首插曲，富有异域风情，旋律又很顺口的。

说起来，王华杰跟《流浪者》的缘分还是有点特别的。

那一段他和其他孩子正在少年宫做义务服务员，类似如今的志愿者吧。少年宫里天天都在放这部电影，一天多少遍。王华杰一边劳动，就一遍遍看着听着，这电影里的音乐一辈子就存在了他耳朵里了。

　　除了大家都跟着哼哼的《拉兹之歌》，王华杰还注意到，女主角唱的《丽达之歌》也很有意思。

　　至于他把童年的念想，把《丽达之歌》的演奏在雷琴上实现，是在很久以后的 1979 年，在雷琴的演绎之中，《丽达之歌》又获得了新一代观众的喜爱。

　　在这辈子的音乐生涯中，演奏一支又一支戏曲和歌曲改编的雷琴曲子，开拓了王华杰施展才能广阔的空间。

　　为了促进中国和阿拉伯地区国家的文化交流，王华杰又在雷琴曲目中开发了阿拉伯音乐。有一首《地中海风情》，就是他根据地中海沿岸国家黎巴嫩的民间音乐编创的雷琴曲子。

　　王华杰在开发各种曲目的时候，不断发现新目标。

　　比如《查尔达什舞曲》，可以说全世界的音乐爱好者都熟知喜爱的，原来是意大利作曲家蒙地创作的一支小提琴曲，它已经被各国音乐家改编成各种管乐曲子和弦乐曲子。

　　《查尔达什舞曲》使得各种乐器异彩纷呈，雷琴也不能落后啊，王华杰决心把它移植到雷琴的独特表现之中。

　　只是这首曲子要移植到雷琴，实在是颇费周章。

　　这个曲子在小提琴上演奏，达到速度且有一定难度，别说雷琴了。小提琴有 4 根弦，便于演奏音域较宽的作品，操作方便。而雷琴呢，只能让所有音符在一根弦上演奏，动作幅度之大，如何把握，困难可想而知。

　　但是王华杰以信心和智慧把事情做成了，移植成功的《查尔达什舞曲》，在多次演出里焕发了风采。

穆斯林的婚礼

雷琴要尝试要表现的每一个剧种，都是雷琴的新天地。在更多的开拓过程里，王华杰自然而然迈进了一个又一个新天地。他还跨进了作曲的门槛，成功拿出了自己的第一件原创《穆斯林的婚礼》。

王华杰自己钟爱的雷琴曲就是《穆斯林的婚礼》。《穆斯林的婚礼》，对于王华杰自己，对于雷琴，对于王华杰的听众，都是一件特别的作品。

因为这并非作曲专业人的王华杰自己作曲的成果，更因为凡它所到之处，都有听众被它深深打动。

王华杰是在宁夏这片土地上生长起来的艺术家，他和他的雷琴多年来都是被这片土地滋养着支持着鼓励着。

王华杰的雷琴曲子在各种演出场合受欢迎，是因为他拉起琴来，要表现什么都能得其神韵，拉哪里的地方戏就像那个地方的味道，拉哪个国家的歌儿就有那个国家的特色。

不过，他心里还有一个最执着的念想，我是宁夏的文艺人，我首先要把我们宁夏的特点宁夏的味道表现出来，这才对得起这个地方。

是拉个宁夏的民歌，还是地方戏曲？王华杰一直在琢磨这个事儿。

1981 年，王华杰随团到新疆参加交流演出。

赶巧，他在一家少数民族居民家里参加了一场婚礼。在民间婚礼的现场，完整观看到穆斯林举办婚礼的仪式，让王华杰大开眼界。而最让王华杰难忘的，是当时当场那位新娘的真情流露，那位跟自己父母依依惜别的姑娘越哭越厉害，实在控制不住自己。

天下父母天下儿女，心同此刻，王华杰深受触动。

"我也有女儿，三个女儿。"

王华杰被真情击中，他觉得一定要做点什么。

这样一次强烈的触动，拉动了他心底的几根弦。

一根弦，普天下父母儿女之亲情。

一根弦，每一片土地上的生生不息。

一根弦，新疆宁夏之共有特色。

王华杰心潮汹涌，一直不能平息。他忽然知道他可以做一件事情了，为音乐、为雷琴做一件事情，为具有回族特色的第二故乡宁夏，也为新疆做一件事情。

他要写曲子，写一首表现穆斯林风格的曲子。

回到宁夏，王华杰心里的念头更清晰了。作为宁夏回族自治区的居民，作为宁夏的音乐人，用音乐来表现穆斯林的生活、穆斯林的婚礼，这个主意，这个选题多么美好。

一种发自内心的激动和信心，让王华杰没多想就开始了他自己的创作，从来没想到过的作曲。

王华杰拿起笔来，一边哼哼旋律，一边在纸上划拉。他努力寻找自己音乐记忆中的那些具有民族特色的素材。

开始是试探，哼一哼，拉一拉，写一写。越写越有信心了，开启音乐之流。

当创作遇到灵感的时候，就像开了闸门的洪水一泻千里，曲子的旋律越来越成形，在他心里生生不息。

1983年，经他的同行王振杰配器合作，雷琴独奏《穆斯林的婚礼》开始排练。

1985年，雷琴独奏《穆斯林的婚礼》在中国国际广播电台播出。

这个节目在国外听众中也产生了很大的反响。电台将信息反馈给王华杰：国外很多听众，尤其是一些中东国家的听众，都跟他们电台联系，表示很喜欢这样的音乐，也特别期待再听到中国音乐家的作品。

国内也有少数民族听众表达喜爱："王老师，听你这首曲子真是受感动啊，那种气氛，又庄严又神圣。"

还有一些学校和文艺演出单位多次询问，在《穆斯林的婚礼》之后，王华杰还有没有新的作品演出。

从1985年至今，王华杰这首作品的演出，所到之处毫无例外地感动了听众，成为他雷琴演奏中必不可少的保留节目。

1985年，加拿大温哥华国际艺术节开幕式的那天，举办方要从参加艺术节的各国节目里，抽选具有代表性的节目在当天演出。每个国家的节目只选一个，中国艺术团出演的正是王华杰的雷琴独奏《穆斯林的婚礼》。

演出之后，在后台忽然出现了一位神情激动的异族女士，她直接奔到了王华杰面前，还急着要表达什么，王华杰有点不知所措，也听不懂她说的什么。等专职翻译赶过来才表达明白，原来是王华杰刚才的演奏令她特别感动，她说这首曲子太好了太喜欢了，她当场提出希望宴请中国艺术团全体演职人员，以表达自己内心的敬意。

由于当时演出时间安排与其他条件的限制，这个聚会没能够实现。而音乐使不同国家不同民族的心灵相通，这才是最可贵的收获，王华杰更加感觉到手中这把雷琴的分量，民族音乐真正的分量。

徒弟最好是来自宁夏

在王华杰青春的记忆中，那是遥远的 1958 年。王华杰带着师父交给他的雷琴和音乐事业，踏上了第二故乡宁夏的土地。那时的他还那么年轻，脑子里的各种想法并不十分清晰，但一个基本信念始终让王华杰感觉心里是有底儿的，师父传授给他的拉琴的本事，在这个他新到的地方一定能开出花，结下果。

曾任中国音乐家协会流行研究会会长、中国民族管弦乐学会常务理事、宁夏民族管弦乐学会会长的王华杰，一直在为中国民族音乐、宁夏民族音乐的事业发展而勤奋努力。

多年来，王华杰的事业关注，首先投入在雷琴的传承发展中。

眼看着雷琴技艺局面冷落，王华杰意识到必须及时行动，不能让这么宝贵的雷琴后继无人。

可是，他把雷琴带到宁夏之后好多年了，都没有能找到培养学雷琴的合适人选，这是他曾经最感失落的心事，心里一块大石头落不了地。这样下去是不行的。

2001 年，王华杰拿定主意在报纸上发布了公开收徒的广告。广告效果不错，有不少年轻人慕名而来。

雷琴对学艺人的具体条件，要求其实挺复杂的，甚至有些苛刻。申请拜师的学生，有的已经开始学起来了，但是能适应要求的有进展的苗子怎么也出不来，几经周折，仍然没有出现适合雷琴学习的培养对象。

一次又一次试验，在多回合的失败之后，王华杰终于收获了希望，收到了自己的第一名雷琴徒弟，他就是来自宁夏本地的音乐青年许瑞。

那还是在进入新千年的头几年，一天有人约见。来访的是王华杰的一位业内熟人许生铮同志。老许是永宁县文化馆的党支书和副研究员。王华杰以前下基层演出，跟他一起工作打过交道，两人在专业交流中彼此印象甚好。老许这回是带着儿子来见王华杰的，请求让他的儿子许瑞正式拜王华杰为师，立定志向，下功夫学习雷琴。

太好了，正中下怀。

因为父亲喜爱音乐，耳濡目染，许瑞从小也迷上了民族乐器，成年之后他考取了天津音乐学院，学的是二胡专业。

他这次回到银川，主要是被邀请来担任音乐考级评委的。

许馆长对自己孩子的素质比较自信，因为许瑞已经接受了正统的音乐教育，他学起雷琴就比一般人就多了些有利条件。老许自己对王华杰的表演印象深刻，对雷琴的魅力印象深刻，觉得儿子如果能学到如此绝艺，艺术发展就能别有一番新天地。

一定要抓住这个机会。爷儿俩一商量，就下了这个决心。

通过简短接触，王华杰对许瑞的音乐天资相当肯定，收下这个学生他是挺有把握的。再说这正好遂了他多年的一个心愿：

"我本来就特别想收宁夏本地的雷琴徒弟，而且呢，正好这个孩子有良好的专业条件和基础，所以我也挺愿意教他，就把这个学生收下来了。实现了心里多年的目标，真不容易啊！"

师徒两人在雷琴演奏上用心钻研了一年多之后，王华杰意识到还应该有个更开阔的思路。

凭着许瑞良好的素质，王华杰决心要引导自己的第一个雷琴弟子，在民族音乐传承方面有更全面的发展。

"我想，不管学雷琴学到了什么程度，许瑞对雷琴已经有了基本掌握，先有了这么一个火种，他自己将来就可能有更大发展，当然对雷琴事业发展也更加有利。"

"不管怎样，也要为宁夏更好地培养这个学生，必须有民乐发展的火种。我觉得不能让这个好苗子给耽误了，我还要尽到更大的责任。"

王华杰鼓励许瑞，其实不只是学雷琴，在音乐事业上还得有新的拓展，打开眼界，努力更上一层楼。

"你不能辜负老爹的期望，也要为自己的家乡求个长进！"老师的提点牢牢扎根在许瑞的心底。

许瑞在天津音乐学院毕业之后，分配到湖南吉首的一所高等学校教音乐。

在参加工作数年之后，终于有一天，许瑞告诉老师，他下定决心要开始自己的音乐新征程。

"老师，我想深造，我想考音乐研究生。"

小许父亲的想法比较现实一点，他跟儿子说，要不考一下地方学校更有把握吧。而王华杰是坚决鼓励小许瞄准大目标，报考中央音乐学院。

老师加力，自己也争气，许瑞成功考取了中央音乐学院音乐美学研究生。

音乐美学这一门，不仅需要音乐方面的基础，还需要具备其他各门类专业和文化全面的修养。小许没有辜负老师的期望，他通过潜心学习，取得了优异成绩。

王华杰告诉许瑞，在中国音乐的范畴中，研究音乐美学，一定要研究古琴。而小许在音乐学院的老师正好就是一位研究古琴的专家。

就这样，音乐美学硕士研究生小许学业有成。因为成绩优异，小许毕业后留校工作，至今，他是全宁夏少有的在中央音乐学院学成留校的学生。

到中央音乐学院宣传部工作以后，许瑞的事业发展顺利。他经常承担学院各种音乐活动的组织策划，工作在国内外音乐界开展，加深了历练。在各项活动，包括学术研究、传播交流的进行中，小许接触面广，见世面多资讯多，因为能力强有实绩，他颇得部长器重。另外他专业文章也写得好，在音乐理论领域也有自己的开拓。

同时，许瑞还在中国音乐家协会雷琴研究会担任秘书，为雷琴事业的具体运行做了大量工作。

正如他老师所期望，许瑞实现了为雷琴事业助力，并在音乐的其他领域中颇有建树。

许瑞的成长，是因为他自己的原生素质个人努力，也是缘于老师王华杰的真心栽培。

当老师的当然很自豪："这个年轻人聪明，敬业，踏实不浮躁，而且为人诚恳。帮助这样的年轻人，我帮对了。"

王华杰跟自己的师父王殿玉一样，选徒弟不但看才能，还特别看重人品。

第五章

三把琴，还有那些人

他的事业中不只有雷琴

王华杰继续招收雷琴徒弟的想法，一直没有放弃：

"五六十年了啊，我都在宁夏工作生活，是宁夏养育了我，宁夏是我的第二故乡，这里有我的家人，有我的事业。我有这么一门特长，我特别希望能传授给宁夏的年轻一代。"

这样的情怀一直在他心里。

到了 21 世纪的今天，在王华杰自己门下，已经成长起一众弟子。

他的雷琴徒弟有：

许瑞（中央音乐学院网信办主任）

王瑞英（天津曲艺团演奏员）

何洪禄（天津南开大学文学院文艺系副主任）

许跃（天津残疾人文体训练中心老师）

张朋（济南市歌舞团演奏员）

他的古琴徒弟有：

王亚帅、马浩博、王茗涵等 8 名。

另外，王华杰与他的妻子潘敏慧、女儿王勉一起培养的古筝学生已经有数以百计之多。

知道了吧？他的事业中，不只有雷琴。

除了雷琴，还有古琴

关于王华杰和那把琴，那把神奇独特的雷琴的故事，到这里已经讲了不少了，还仍是远远讲不完的。

这"一个人和一把琴的故事"，暂且先放一放。

还得讲一讲"一个人和第二把琴"的故事。

两把琴中的第一把，当然就是在此书的篇章之间频频闪耀光芒的雷琴。这把雷琴是雷琴的祖师爷王殿玉亲手送给爱徒王华杰的传世之宝。

那么，第二把琴呢，也很重要，那是古琴。这古琴居然也是王殿玉亲手赠给王华杰的宝贝。

"五几年亲眼看到古琴是在老师那里，老师也给我弹过，其实我60多年前就接触古琴了。"

"老师把跟他陪伴一生的最珍贵的乐器都给我了，雷琴和古琴。"

师傅已经把雷琴送给王华杰了就不说啦，还有另一个宝贝古琴，也给他了，你说这师父得有多"偏心"。

有的"同门人"不免要"埋怨"："师傅连一根弦儿也没给过我，真气人！"

也不知弟兄们知不知道，就这古琴，师父送给王华杰的还不只是一把，而是两把啊。

王华杰自然是喜出望外，也免不了有几分得意。

但同时他也并不觉得就那么轻松。因为王华杰意识到这几件乐器可不是白给的，他从师父手里接过来，他必须得接得住啊。这两把琴里有师父一辈子的念想，有师父很多的心思，有对徒弟他的殷殷期望。这两把琴一定不能在徒弟手里给"荒"了。

王华杰拉着雷琴，时而又抚起古琴。每当练琴间隙静息时分，他用手轻触琴弦琴马，会感受到师父留在其间的力道和灵气。他心里就会念叨："师父你放心吧，我知道自己该做些什么。"

有关雷琴艺术的传承发扬，王华杰的业绩和艺术声望，已经是有目共睹，有耳皆闻的。

而说起王华杰对古琴艺术传承的付出和贡献，在全国和宁夏的音乐界，了解具体情况的人就很少了。

古琴，是中国最古老的乐器之一，这是具有三千年历史的中国民族乐器，是中国民族音乐风格的经典体现。古琴的表现集中了中国音乐体系最核心的基本特征，更有着中国悠久民族文化深远的底蕴和宏大气魄的神采。

所以，古琴被联合国教科文组织收入"人类口头和非物质文化遗产代表作名录"。在这个名录之中，中国文化门类的第一项是昆曲，第二项就是古琴。

在地球的航天历史和文化历史上，还有如下事实：

1977 年美国对外太空发射的探测器携带音乐资料中有中国古琴曲。

比起雷琴来，历史悠久的古琴，名气自然更要大得多。

而在 20 世纪 20 年代才诞生的雷琴，作为中国民族乐器的晚辈，或许因为它年轻，才更加具有自身的活力吧。

不过，老资格的古琴队伍也好，后生辈的雷琴队伍也好，在近几十年中，不时在面临"断流"的尴尬境地。

比较乐观的是，在我国现代音乐教育中，古琴已经有了自己利于传承的位置，高等院校里的古琴专业，开拓出古琴新生命的通道与河流。

虽然说学习音乐的青少年越来越多了，但总体是向着西洋音乐西洋乐器倾斜的，选择民乐方向的家长和孩子确实仍然属于少数。

在上海音乐厅的一次演出中，王华杰有幸与中国著名古琴大师龚一先生欣然相遇。

双方交流起来，龚一说到现今大多数观众对古琴的表演并不热衷。王华杰说："还没到那个时机呢，要坚信一定会有古琴热起来那一天的。"

事实上，古琴"申遗"成功之后，在国内外还是引起了一定的关注。在中国沿海城市，学习古琴的成年人和孩子相对较多。在国外，在欧美地区，还有人出于对中国文化的兴趣学起了古琴。现在，国外学生到中国留学的、外国音乐人在中国发展的也有人在学习古琴。

尽管如此，古琴也好雷琴也好，近几十年还都是惨淡经营。

鉴于古琴还有雷琴的生存现状，中国音乐界的有关部门和有识之士都在一次次做抢救努力。王华杰正是一名奋发的干将，他的战场主要就在自己工作和生活的宁夏。

王华杰认为，中国的民族音乐和民族乐器是一片深厚的宝藏。

"这都是宝啊！对中国音乐的关注、重视和研究，在有些方面，别人也许还比我们中国人自己还做得更多。比如说笙，它就是中国最古老的一种乐器，也是中国最早的一种和声乐器，苏联的音乐研究者对这乐器关注就是比较多的。"

"连国外的音乐界，都还有些人对中国乐器这么关注，甚至有比我们研究更仔细更深入的。我们中国的音乐家，怎么能自甘落后呢？"

所以，对中国民乐瑰宝古琴的传承，王华杰也投入了自己多年的心血，在宁夏当地倾心培养古琴的年轻一代。

所以，其中就有了成绩斐然的古琴弟子王亚帅。

王亚帅，中国琴会会员，2013 年师从王华杰学习古琴，2017 年通过中国民族管弦乐学会古琴 10 级考试。

2021 年，王亚帅在新加坡参加了"和乐杯国际古琴大赛"，获得了青年传统琴曲组的金奖。

在 2013 年跟着王华杰学古琴之前，王亚帅最早是学习和演奏古筝的。

王亚帅与古琴的相遇相知，开始还是缘于古筝。小时候学古筝，她每次去老师家都能看见墙上还挂着一把古琴。一边学着古筝，这小姑娘心里还藏了另一个主意，以后有机会，我还要把墙上那个乐器也学会。

王亚帅来自甘肃白银，在大学里她学的是外语专业。大学毕业后，王亚帅来到宁夏银川工作。还成了一位古筝教师。

王亚帅弹着古筝，教着古筝，心里却一直也放不下古琴。想试试自学古琴吧，总是不得要领。想拜师，却寻不着古琴老师。

过了好久她才知道，在银川这个城市里，真的就有一位神秘的资深老师。

王亚帅一开始知道的，是青年古筝演奏家王勉的名字，王勉是宁夏职业艺术学院的教师。由王勉，王亚帅才知道了王勉的父亲王华杰，有名的演奏家啊。

本来王华杰已在本地和全国的民族音乐界享有盛名，只是几乎没几个人，甚至他在文艺团体的同事们都不太了解，以雷琴出名的王华杰，还精通着其他的乐器。

久寻不见，"蓦然回首，那人却在灯火阑珊处"。

豁然开朗！王亚帅立刻想方设法联系王勉老师的父亲王先生，请求拜在门下，学习古琴。

王华杰的回答是，见面了解之后再定吧。因为王华杰要考核这位求学者基本的艺术素质，还有学习的目的。

王亚帅说："老师对学古琴的目的很看重，他希望我是因为真的喜欢古琴才学习的。"

经过一定的考核与了解，王华杰收下了这个徒弟。拜师成功，王亚帅实现了久久以来的梦想。

"对喜爱民族乐器的年轻人就应该支持，好好教吧！再说，这个学生的学习和接受能力也很不错。"

而作为老师的王华杰，这时又念叨起自己的师父了：

"老师，你托付给我的古琴，在这里也能开花结果了。"

事实证明王亚帅这个徒弟是收对了。拜了师之后，王亚帅勤奋学习，又有高师的口传心授，古琴技艺日益精进。

2014年7月，王华杰的古琴学生王亚帅参加了中国民族器乐考级，她成了宁夏第一个也是唯一参加古琴等级考试的考生，并成为宁夏第一个获得国家古琴专业资格认证的人。

这一切都和王华杰老师的培养和助力密切相关。

相对雷琴而言，古琴在全国的普及度和认知度还是更高一些，但是在宁夏，古琴的学成就具有拓荒的意义了。为此，王华杰特别有一种收获感：

"有人学，就有希望，民族器乐在宁夏的发展还是有希望的。"

岁月流逝，初心不改："只要我还有一口气，就一定要让古琴和雷琴艺术，在宁夏永远传承。"

王亚帅一直庆幸："如果没有王华杰老师的教导和支持，我从没想到，自己能有机会参加中国民族器乐古琴等级考试，更不可能获得专业证书。"

近些年国内各种门类的艺术考级过程里，在考生应试前后，他们师从的专业教师们也进入了"非常时期"，帮着准备、帮着打听信息等，也成了老师们责无旁贷的任务。

而当王亚帅要报名参加古琴考核的时候，她的古琴老师王华杰却比其他老师压力更大，因为还面临一个额外的难题。

原来，古琴考核组委会这一年的考核工作日程中，并没有安排主考老师来宁夏。

因为历来宁夏从来没有人报名参加古琴考试，古琴在宁夏就是个完整的空白。没人考啊，当然不用来。

2014年，宁夏这里报名考古琴的，也只有王亚帅一名考生。

王华杰一定要为宁夏唯一的古琴考生争取机会，也为以后更多的宁夏考生争取一个成功的通道。他想尽各种办法，联系古琴考核组委会，申请派考官来宁夏主持古琴专业考级。

宁夏终于有了自己的古琴考点，迎来了第一位古琴专业的主考老师。

王亚帅获考古琴，并取得国家古琴专业四级证书。

王亚帅在自己民族音乐事业的路上迈进了一大步。

2014年11月28日，在北京举办了民族音乐家教育家王殿玉先生诞辰115周年纪念音乐会。作为王先生的亲传弟子，王华杰和来自全国的民族音乐家、演奏家会聚一堂，为纪念活动倾情献曲。

作为王华杰学生的王亚帅也在这场音乐会上演奏了古琴曲。对一个年轻的音乐人来说，这是一次非常宝贵的展示和学习的机会。

为了宁夏这第一名古琴学生的成长，王华杰付出了各种努力。

有一年，王亚帅要到南方一个古琴学馆去任教一个时期。这次，她特别渴望着有机会见到著名的古琴大师龚一，能得到一些艺术真传。面对王华杰，她期期艾艾说出这个想法，也不知是否合理。

王华杰和龚一大师早在1978年相识，作为同一领域的艺术家，他们彼此惺惺相惜，这个面子龚一是会给的吧。

可是王华杰也知道，作为大师的龚一先生活动多、学生多，非常忙。你想有那么多对古琴感兴趣的人啊，恨不得全世界好多地方都会有什么人要来找他。

王华杰说那就试试吧，就硬着头皮打电话。没想到，龚一大师特别爽快，一口答应：

"你的学生就是我的学生，叫她来好了。"

王华杰特别感动："我估计能给个五六分钟的指点，就不错了。"没想到大师给这个"小学生"上课，上了足足两个小时。这是对后辈的热心，也是对同行的真心啊。听了徒弟的汇报，王华杰打电话致谢大师："这是给了我天大的面子！"

现在的王亚帅在宁夏也已经成为一名古琴老师，有二十几名学生跟着王亚帅学古琴，王亚帅也成了热门儿。

王亚帅说："他们也是找了好久才找到的我，现在学得也都很好。"她能感觉到，在宁夏人们已经开始关注古琴的魅力。

"在学琴的道路上王华杰老师像一盏明灯指引着我，除了传道授业解惑之外，老师的人格魅力更是深深激励着我，耳提面命，叮嘱着艺术的纯粹性。希望能沿着老师走过的这条路继续走下去！"

现在报名古琴考级的宁夏考生越来越多了。

王亚帅现今不仅是教师，还成了一名古琴等级考试的考官。

古琴大腕龚一先生曾经感叹过："现在看起来，好像古琴就没有雷琴那么受关注受追捧。"王华杰却说："古琴总有一天还会再火起来的。"

说对了。现在，古琴在大城市已经很流行，学古琴的小孩也有不少了。

还有很多成年人，很多知识分子，他们是从资料文字了解古琴的，尤其是"非遗"申请以后，他们了解了，才重视了，这是另一部分，或许有些是为了赶时髦吧。

王华杰说"这也好啊，这是一个好的现象，哪怕只是附庸风雅，也是有积极意义的，尤其是最近几年。再过20年，这古琴就不得了啦。"

作为一个著名演奏家，这些年王华杰的主要成就首先是雷琴的演出和曲目开发。

而在古琴的传承方面，王华杰主要是致力于音乐教育。

第三把琴：古筝

还有第三种琴，古筝。

王华杰说："我老师就是雷琴、古琴、古筝，都弹，都教。"

雷琴的祖师爷王殿玉，精通的不只有雷琴。

"我自己，也是教这几种乐器。"

写到这里，笔者我也要说，这次自己才明白，王华杰从事民族器乐的传道授业，不是仅仅在雷琴的领域。

到这里，就出现了王华杰手里的第三种乐器。

除了雷琴，古琴，还有古筝。

到宁夏六十多年，王华杰把这三种民族乐器都教给了音乐后辈。

王华杰把古筝这种乐器也教给了一批学生。其中包括教给了自己的妻子潘敏慧，妻子又教给了女儿王勉。

潘敏慧有了越来越多的学生，其中高级别的，由王华杰亲自来教。

多年来，王华杰的妻子和女儿也为宁夏培养出很多学古筝的年轻人。

"雷琴，古琴，古筝，1958 年到宁夏，我把它们带过来的。这几种乐器就是火种。留下这个火种，就盼着发展。少数民族地区，更需要培养人才。"

一个人和三把琴的故事，就是一个地区文艺发展的一个美好篇章。

"雷琴古筝古琴，不管多与少，我要给宁夏留下学生。现在这个目标已经实现了。"

这样说着的时候，王华杰长长舒了一口气。

　　王华杰的古筝学生们，和他教出来的雷琴学生及古琴学生一样，深深感激对他们倾心栽培的老师。

　　而因为自己事业有成而尤其感激王华杰的，还另有其人。

　　她就是古筝演奏家刘维姗。

　　刘维姗是沈阳音乐学院古筝专业学生，20世纪70年代，刘维姗毕业后分配到宁夏来工作。

　　可是当时的宁夏歌舞团根本就没有古筝的编制，也就没有古筝演奏员的编制。宁夏的文艺团体和教育部门里，都没有这个专业。样板戏的乐队里头也用不上古筝。把这个弹古筝的毕业新人，分到哪个岗位呢？可真是个难题了。

　　当时沈阳音乐学院和学院附中还分配了其他毕业生来到宁夏工作，有好几个民族器乐专业的都给分配到了宁夏京剧团乐队，刘维姗也似乎是随大流地就给分到了京剧团。

　　京剧团演出也是用不上古筝的。于是，刘维姗这个音乐学院里专业学古筝的，只好先安排到乐队里弹奏中阮。刘维姗另外还兼职一些跟音乐和乐器完全不搭界的工作，比如在团里当出纳、做卫生员。

　　暂且就这样先混着吧，有同学要问起刘维姗的情况，她都不好意思说出来。

　　而王华杰听说宁夏可来了个弹古筝的，当然是要关注的。

　　这位刘维姗，她在沈阳音乐学院的古筝老师叫曹正，而王华杰的师哥赵玉斋，恰好也是沈阳音乐学院的老师。不过这位曹老师和赵玉斋老师，两人在相处中还有些不太愉快，但王华杰的行为准则是，对事不对人，都是民族音乐这一行的，能帮的就一定要出一份力。

1979 年，全国举行了一次文艺调演，王华杰就想到了刘维姗。王华杰知道这是古筝在宁夏的一个机会，鼓励刘维姗要把握好这个机会。

在王华杰的鼓励下，刘维姗一下子看到了自己古筝事业的希望，那蛰伏了许久的古筝事业总算有了出头之日。

刘维姗要抓紧练琴了，可这琴在哪儿呢？

没听说过宁夏哪一个文艺团体里还有古筝。

是这样的吗？其实并不是，只有王华杰，关心古筝的王华杰知道，其实歌舞团有一台小型古筝，一直在库房里搁着，早被人忘了。

王华杰想办法找到歌舞团的有关部门，把这个古筝借了出来，这样，刘维姗弹筝的一双手，终于又飞舞在古筝的琴弦之上，也让周围一些不知就里的人这才恍然大悟，原来这姑娘不是打杂的，人家正经是个弹古筝的。

可是要参加高水平的全国调演，这台功能不全的小琴显然就不合用了。

之后，找文化厅领导要求批经费购买琴，领导很认可。

又打电话给师哥赵玉斋，请求帮忙给买琴，赵玉斋也痛快答应了。

王华杰在不停奔忙中达成了理想的结果。全国调演，对西北的宁夏来说，是个文化展示和发展的重要机会，文化厅领导很支持，王华杰的师哥也勉力而为。在定做古筝根本来不及的情况下，营口乐器厂提供了一台放在橱窗里的样品。

这是一台机械转调古筝，是第一批制作的机械转调古筝。

一种更为理想的改良乐器。

刘维姗就使用这台古筝参加了全国演出。在现场发挥出色的刘维姗一下子引起业界的注目。不久，刘维姗就直接调进中央民族歌舞团工作了。

后来她到美国演出，又增大了影响力。刘维姗的艺术事业在美国发展挺顺畅的。她是旧金山古筝乐团的创始人和团长。她的成果还有创办古筝学校，为弘扬中国民族文化加力争光。

从一开始困在"没有古筝"的宁夏，到后来的在国内国外的艺术飞跃，刘维姗从小鸭子变成天鹅。真正的天鹅是不会忘记过去的：

"华杰是我重新走进古筝事业的引路人，是我的贵人！"

王华杰无愧于这个尊称。

2005年，刘维姗把她认识的一个美国音乐家乔治·温斯顿请到宁夏，和王华杰一起做音乐。前面说过的，温斯顿对王华杰的雷琴和他的演奏完全是入迷了。他们还一起做了一场音乐人自己的音乐会。

援手在需要的时间点出现

每年到了春节将临的那几天，王华杰就会接到很多友人的拜年电话。

第一通电话总是来自山东，打电话的是王华杰的好朋友严锦华。

"这个严锦华，是我们宁夏吹唢呐吹得最好的一个。"

多年以前，王华杰到宁夏本地一个名叫"大水坑"的地方演出。演出结束后，有个小伙子来到王华杰跟前，有点羞涩地问起王华杰的雷琴，表达着喜爱和羡慕。

王华杰问他："那你是做什么工作的呢？"

小伙子说："我是个木工。还有，我会吹唢呐呢。"

"好啊，那你能吹一下吗？我想听一听。"

小伙子很快就取来了唢呐。刚才还有点惴惴不安的小伙子，一吹起唢呐来，可一点也不怯场了。王华杰一听就觉得是相当不错的，有门儿。

摆明了，这个小伙子对吹唢呐比做木工更有想法与期望。他就是严锦华。

"我觉得他很年轻，另外呢，我觉得我们当地的几个乐队，也都挺需要这么一个唢呐演奏员。我说你如果有想法我就来想办法。"

之后王华杰向严锦华建议，他可以争取进入秦腔剧团，因为秦腔剧团的乐队当时很缺人的。

说起来，跟这个年轻人只是初次相识，也非亲非故的。但王华杰认定，是人才就该有用武之地，这事儿他要管。

王华杰回到银川，就向有关领导反映了严锦华的情况。通过各种繁杂的人事手续之后，终于把这位做木工的唢呐乐手调到了宁夏秦腔剧团。

来到秦腔剧团以后，严锦华的工作表现挺令人满意的。一下子如鱼得水，从"水坑"游进了音乐的江河海洋，严锦华高兴，王华杰也高兴。

这就有了点名气，圈里人都知道，秦腔剧团有个唢呐吹得特别好的。

正赶上宁夏歌舞团原创的大型民族歌舞剧《曼苏儿》上演了，乐队需要唢呐，就把严锦华先借调过去参加演出。

后来就直接把严锦华调进了宁夏歌舞团。

王华杰自己参加各次赴国外的演出之前，也抓住可能的机会向上级推荐严锦华。

一位"水坑"里的小木匠，就这样人生改变，艺途大展。

所谓"同行是冤家"，这是自私者小气鬼的哲学。王华杰绝不这样。王华杰的哲学是：

"能搭把手就搭把手。临门一脚的时候千万别挡人家的道儿。"

"只要有机会，就帮助能帮助的人。扶一把，搭个桥，就能改变人的命运。"

何乐而不为！

做这些"额外"的事情，不光得有个良好愿望，还得把自己的时间、精力，甚至人情都得搭进去很多。但只要是对人有益的事情，这些，王华杰都认了。

除了严锦华，王华杰还帮过好几个文艺界的同行。

"从小，家里就是这么教育我的。特别是我师父，做人做事，他对我影响是最深刻的。"

在专业里王华杰是聪明通透的，就不用说了。但这个人有时候又挺傻瓜的，主要是对待同行或朋友只有打开方式。没啥防备，偶尔就会受点伤，受也就受了吧。

最主要的是能帮到朋友，就开心，就满足。

第六章

各样的舞台与心弦

上海：春节的舞台

1978 年春节将临，大上海文艺界组织的多台迎新春演出万紫又千红，其中有一台是上海民族乐团的专场晚会，来自大西北的王华杰参加了这个表演。

王华杰有一位老同事老朋友胡奇，他深感王华杰和他的雷琴应当在大上海的舞台一显身手，这个就跟上海民族乐团的期望不谋而合了。王华杰被借调到上海民族乐团工作，促成了雷琴的这番上海之行。

虽说 20 世纪早年，王华杰的宗师王殿玉曾到南方好几个城市演出过，引起过大范围关注，甚至有相当的轰动，但是半个世纪过去了，对于南方的现在年轻一代观众来说，雷琴这种乐器基本是一个不存在的存在了，不要说现场听雷琴演奏，很多人连雷琴这名字也没听说过。

通过胡奇的热心牵线，上海民族乐团那边也基本了解和落实了雷琴和王华杰的艺术价值，但真的演出起来效果究竟如何，他们还是要拭目以待的。

有个现实的情况，这次演出之前排练的时间相当紧促，雷琴跟乐队合乐的机会是很少的，初次合作能不能搞得定呢？

不管是到熟悉还是比较生疏的地区演出，有一点王华杰心里总归是有数的，那就是雷琴这种特别的音乐表现，凡是观众一听到，肯定会强烈要求返场，可以说几乎没有例外的，每回演出必须多备几首曲子才是个妥当。

又过了好几十年了，在上海雷琴又成了"首次演出"了。王华杰也不好意思跟主办方说："我拉琴笃定会返场的。"只有看人家怎么安排，就先听人家的吧。

1978 年除夕之夜，上海民族乐团的春节晚会在上海音乐厅演出首场。当晚在开放观众入场之前，文化艺术方面的有关领导已经先行到场了，跟演职人员一起，做一个简单的春节"团拜"。这时，上海民族乐团的一位团长对王华杰的参演表示欢迎：

"王华杰，我们听说过了，你是对打击乐也很有兴趣的吧？"

"是比较喜欢，不过算不上专业，只能说是玩一下而已。"

"要不要你和我们团里这些打击乐的弟兄们，一起来试一试啊？"

王华杰稍微愣了一下，不过很快意识到这个"友情提示"，实际上是个临时的测试吧。团长大概对这个来自遥远西北的陌生的独奏家还不太放心。

团长提议，让王华杰与上海民族乐团的乐手一起，合作一段京剧唱腔的打击乐。这或者也是让从大西北远道而来的王华杰可以尽快适应一下新的环境。这样一来，即将开始的演出是不是更有把握呢？

王华杰欣然从命，拿起一面大锣，事先并未演练，下手敲打起来，大家合作得一点没有纰漏。

接着有人建议王华杰来掌鼓。王华杰先说了声"请多关照"，他手里的鼓点一开，众人应和默契，准确流畅。

大家都高兴，起码这就放心了，彼此认可了。

演出正式开始，王华杰演奏的第一首雷琴曲是京剧《沙家浜》选段《奔袭》的唱腔，王华杰手里的雷琴刚刚"唱"出了第一句，台下的观众就兴奋地鼓起掌来，接下来的反响一波又一波，雷琴对京剧唱腔活灵活现的演绎，让现场观众获得了想不到的第一次的新鲜感。果然，一曲终了，观众热烈要求返场。

于是他又演奏了准备好的第二个曲目，这是为毛主席诗词《蝶恋花》谱曲的评弹唱腔。

一下子，从北方戏曲的强悍刚烈转而成为南方曲艺的悠扬婉转，观众听得更加满意了，当然还是热烈要求返场。只是因为这次演出之前，雷琴跟当地乐队合过乐的节目只有这两个，只好一再地谢幕，先结束了演出。

雷琴和乐队，合乐也就合了两首，曲目明显是不够用。

王华杰自己是有备而来的，雷琴对观众那种特殊的吸引力，他心中是有数的，自己多年的演出经历也告诉他，两个曲子肯定不能满足观众，他自己准备好的曲目至少是六七个。但之前又不方便要求主办方安排更加多曲目的排练和演出，只好随遇而安了吧。

后来的演出又转场到长宁区体育馆，王华杰的雷琴独奏在现场获得的追捧还是一样火热，返场再返场，谢幕再谢幕。为了报答观众的热情，王华杰与乐队勉力合作，奉献出了第三个节目——越剧里《十八相送》的一段唱腔，台下观众仍然是意犹未尽。

之后，上海各家媒体对新年文艺演出的报道中，关注到了朱逢博、闵惠芬等著名的音乐家，也把焦点投注于新出现在上海的王华杰和他手里的雷琴。

北京：民族文化宫

为庆祝中华人民共和国成立 30 周年，1979 年，在北京举行了一次大规模的全国文艺汇演，宁夏文艺界组团参加，王华杰的雷琴独奏被选中参演。

这次在北京民族文化宫演出，对于王华杰来说，是多年艺术生涯中最最难忘、最受震撼的一次体验。

当时，中国社会正处于一个具有历史意义的特别阶段。历经了"文化大革命"十年，各个领域、各行各业解开了禁锢，百废待兴，出现了新的生机。文化艺术的视野与表现也大大开阔起来，文艺界的新创作和演出特别活跃，对此，广大老百姓充满了期待。

在民族文化宫演出那天，中央电视台用多台机器进行大规模现场直播。

王华杰这次在北京演出的新曲目，对于现场和电视机前的观众来说，是一场不折不扣的音乐新鲜美食大餐。

王华杰演出的曲目是丰富多样的，其中传统的曲目有京剧《铡美案》，还有豫剧《拷红》。

第一首就是模仿常香玉唱腔的《拷红》，王华杰的雷琴刚拉出了第一句，台下的观众就开始鼓掌。王华杰也立即感觉，在北京和在小地方的民间一样的，雷琴最容易跟老百姓沟通。

另外还有当时群众喜爱的电影歌曲：印度电影《流浪者》的插曲《丽达之歌》、巴基斯坦歌曲《永恒的爱情》、日本电影《追捕》的主题曲……这些都让观众充满了新鲜感，再加上王华杰手里这把灵动多变绘声绘色的雷琴，台上台下众人很快被"拿下"了。

本来王华杰准备好的主要曲目，演奏时间总共也就 45 分钟左右。结果第一个曲子演出之后，不得不加演又加演，创纪录地返了 6 次场，一共拉了 7 个曲子，这才结束了这场盛宴。

因为听到场内没完没了的掌声，连剧场门口的工作人员都好奇了，忍不住走进来看看：这什么情况啊？

现场工作人员也说，你们宁夏还是真有好东西啊。

这台节目一共演出了三场。除了王华杰本人和其他同事成功的表演，乐队也准备得特别好，有民乐队、轻音乐队、电声乐队，各具特色。

这次演出，王华杰的合作者李门、李超两兄弟是他得力的音乐伙伴。

挺可惜的是，由于那个年代某些条件所限，没能把这次精彩演出的录像保存下来。

这次宁夏文艺界组团到北京参演，观众对来自西北小省区的文艺节目会有啥评价？从领导到演职人员，大家事先是无法预测的。

在北京的演出，成功展现了宁夏的地方风貌及回族特色，大家挺满意。而其中王华杰的突出表现是公认的，领导和同事们纷纷竖起大拇指表扬：争气！

王华杰也忘不了的，演出中各位同事对自己勉力支持。

从四川到新疆

1981 年，宁夏歌舞团带着自己的原创节目歌舞剧《曼苏儿》到各地去做巡回演出，用这个剧目展示一下宁夏的地方特色和民族特色，与兄弟省市进行文化交流。王华杰作为乐队的一员参加了这次巡演。

《曼苏儿》是以回族"花儿"为主要表现形式的歌舞剧，这个剧目 1980 年曾在北京演出，在全国少数民族文艺汇演中获得了很高的评价。

巡演的第一站是四川成都。

这回到成都，王华杰在演出之外，还经历了一场特殊战斗，并且有一位可敬的老人跟他并肩奋战。说起来，这也算演出以外的另一段戏剧了。

《曼苏儿》在成都成功演出。之后，宁夏歌舞团全体演职人员即将路过兰州返回银川。剧团一百多名演职人员启动了返回路程，大家从旅馆出发，奔向火车站。

走到半路上，猛然间天降暴雨。这场雨，可是王华杰这辈子见过的最大的雨，也是之后再也没有遇到过的。

雨水当头浇下来，一个同事惊呼："倾盆大雨啊！"

哪里是"倾盆"，简直就是"倾缸"，一缸一缸不停往下倒着，漫天的雨水倾泻下来，打得人身上生出了疼痛。也就一两分钟的工夫，马路上的雨水一下子就漫到了大腿。同事们每个人带着各种包包袋袋，被浇淋之狼狈，好似逃难一般。

暴雨立即成灾，仅仅十多分钟，大批通往成都的铁道线路被迫停运，成都这个城市一时间差不多与世隔绝了，没有车可出也没有车能进来，街头不断广播着一连串各种临时取消车次的通告。

怎么办？从领导到群众都认为，王华杰是人缘广办法多。

"你该出马了呀。"

再说，他还是一名中国共产党党员，王华杰在 70 年代末就入党了。那就是责无旁贷的。于是，这个艰巨的任务就落在了王华杰和董老的身上。

董老，董小吾，著名的戏剧大家。他是《曼苏儿》歌舞剧的导演，也是这次演出带队的领导。董小吾，原名董慎吾，1920 年 9 月出生于山东鱼台县。1938 年 8 月董小吾赴延安鲁迅艺术学院学习。董小吾曾任八路军 120 师 308 旅剧社副社长、120 师"战斗剧社"副社长。新中国成立后任西南军区文工团长、总政歌舞团团长等职。

在解放战争时期，由董小吾导演的歌剧《刘胡兰》倾情表达了广大群众对英雄人物的崇敬，演出反响强烈。

新中国成立后，董小吾参加了第二届、第三届世界青年联欢节，访问了当时几乎所有的社会主义国家。他曾荣获波兰和罗马尼亚的二级国家勋章。

1953年，他出任解放军总政歌舞团第一任团长。

董小吾曾创作《百团大战组歌》《阳方口小调》《姐妹们来呀》《黄继光大合唱》等数百首歌词，创作或导演话剧《让他去吧》《打倒亲日派》《霓虹灯下的哨兵》《塞上风云》等。

经历艺途的风风雨雨之后，1978年董小吾来到宁夏工作，任宁夏回族自治区文化厅艺术顾问。在宁夏耕耘30年，董小吾成绩卓著，他排出了多个好戏。

在宁夏这边，一般人对董老是了解不到这么多的，大家印象最深的还是他的女儿："知道吧？董小吾就是苏小明她爹，就是唱《军港之夜》的那个苏小明！"

话说这么多人要从成都回银川，地上的火车是搭不上了，就得想一下天上的办法。董老说他在成都有一个可以求助的目标，试试吧。

王华杰和董老一起，泡着一身的雨水，来到成都军区碰运气。到了军区大门口，人家不让进。董老对门口卫兵说："请你给你们司令员打个电话，就说有个姓董的老头找他。"

电话一打，一会儿就出来了一位军官，这司令员见到董老热情地寒暄拥抱，赶快把两人请了进去。他们就把演出团被困的情况说了请求部队帮助。司令员想了想："有办法的，我们成都军区没有这个权力派用军机，不过可以请示一下兰州军区吧。"

司令员立即给兰州军区打报告。

兰州军区立即给出了热情支持，为宁夏演出团特别派遣了一架伊尔–18专机。

真是大松了一口气。只是，问题还没能完全解决，因为这个型号的飞机乘坐人数也是有一定限制的，装不下的其余人员，还得要另想办法安排。

王华杰请董老好好休息，接着又和另一同事奔向第二个奋斗目标：铁路公寓。

他们打听到了可靠消息：铁路上，目前能发往兰州的，还有一趟军用列车。具体解决，要去找一位杨车长。

见到杨车长王华杰说："我们是从宁夏过来的，现在要回银川去有难处，求你们帮个忙。"杨车长特别痛快："宁夏的？那是咱们的邻居啊，没问题！"

剩下的几十个人，火车票也解决了。

气儿也顾不上喘，王华杰又忙着统计，谁要坐飞机，谁愿意坐火车，忙了个不亦乐乎。最后结果是领导和中层的队长组长基本都去坐火车了，把坐飞机的机会让给一般群众。当然王华杰自己也是坐火车的。

天上的、地上的两行人马，在兰州会合，之后抓紧返回银川，因为后面接着还有重要的演出任务。

成都这一行，也是宁夏歌舞团一次比较难忘的经历。除了演出，大家印象很深的是，王华杰奔走出力为大家为团队解决难题，除了肯辛苦，他又有本事。其实像这样承担本职以外的

"义务劳动",多年来他不是一次两次。

《曼苏儿》巡演的下一个目标是新疆,歌舞剧要到乌鲁木齐和昌吉演出。

宁夏歌舞团到达新疆之后,受到了热烈的欢迎。

新疆维吾尔自治区政府和文化部门非常热情,除了安排宁夏歌舞团的演出之外,还从当地多个文艺团体包括地方和部队的文艺团体中调选精彩的节目,一同演出助兴。

面对如此的热情相待,宁夏这边带队的领导,也认为应该加演一些节目,就提出让王华杰表演他的雷琴独奏。

本来,这次王华杰在《曼苏儿》伴奏乐队里主要担任的是高胡和板胡的声部。他自己的雷琴独奏并没安排演出,所以他也没有专门准备什么曲目。

但是在内心快快计划了之后,他拿定主意,接受了这个临时任务。

那么,这个节目怎么安排呢?王华杰想了想,说可以把我这个节目,跟当地的节目安排在一起。

此法可行。经过演出组织者的认同,王华杰和报幕员具体交接之后,安排好了他的雷琴独奏。

一名独唱演员表演之后,就该王华杰上台了。

这是一段时间很长的寂静。

当王华杰拿着他的雷琴走上舞台的时候,乐队成员们略有些疑惑地起立。

"乐队老师们，请坐！我今天表演这个节目，需要你们的帮助才行。"

"那你想演奏什么曲目呢？"

"我想演奏一下《丽达之歌》。"

《丽达之歌》是印度电影的插曲，在那个年代是老百姓耳熟能详的，对于专业的音乐工作者来说更是甚有把握，没任何问题。

乐队欣然接受了这个请求。

"用什么调呢？"

"哪个调都可以。"

那就 G 调。

之前，两边是彼此不相知的乐队和独奏者，并没有过一分一秒的合作，但是演奏一开始，就非常有默契。乐队的前奏一起，雷琴第一声歌唱就给现场观众意想不到的亲切感和新鲜感，立刻掌声雷动。

之后，雷琴和乐队情绪互感，珠联璧合，观众叫好一个接一个，演出成就了欢乐的现场。

《曼苏儿》成功演出，雷琴独奏成功演出，宁夏歌舞团圆满完成了任务，可以衣锦还乡了。可是没想到这回出来，王华杰的任务还有没完成的呢。

原来，热情的东道主给宁夏演出团的几位带队领导安排了乘坐飞机返回银川，兄弟情谊，盛情难却。

领导们要先出发，就得安排一个临时的领队来带大队的人马，这回的演出团总共有一百多号人呢。

考虑一下办事的能力，再考虑一下在群众中的影响力，几位领导不约而同选定了王华杰，让他来承担这项工作。

当时王华杰挺有顾虑，自己就是一个普通的演奏员，也不是队长，也不是组长，就怕管不住人家。领导说："你不是队长，那你还是个党员吧，这是党小组的决定，你就接受吧。"

那就接受。这个特别任务完成起来，可比演出任务困难多了，因为当时开往银川的那趟火车，在乌鲁木齐这一站只停三分钟。这个时间是非常紧张的。那么多人上车就不说了，最主要的是演出携带的大批道具，好几汽车的成堆的道具都得托运。

那种紧张和忙乱可想而知，当地的文化厅厅长都来现场帮忙。当所有的人和东西都刚刚上车，车门即刻关闭，汽笛一声长鸣，简直是分秒不差啊。

总算完成了这个艰巨的任务。像这样的情况，其实在宁夏歌舞团的整体经历中都是比较少有的。而王华杰在自己工作和事业中，却面对过不少类似的艰难。

这就是能者多劳，劳者也更多劳吧，要奋斗，就得多劳。

西安：乐器歌唱家

国家对西北五省发展的整体规划，自然就影响到了西北地区文化的发展，20 世纪 80 年代的"西北音乐周"活动，就是西北地区艺术界加强交流、彼此激励的一个全新舞台。

1982 年的西北音乐周在陕西省省会西安举行，宁夏文化部门从各文艺团体抽选节目，组团前往参加汇演，王华杰的雷琴独奏也在宁夏团的节目单上。

就像以往在各种不同舞台不同场合的表演现场一样，王华杰的节目获得了观众最热烈的欢迎。

王华杰演奏的京剧《铡美案》这个曲目，可以说是集中表现出雷琴多方面的特殊功能和对倾听者的吸引力。

首先是戏曲的声腔表演，王华杰的雷琴在第一句就拉出了京剧裘派的经典唱腔，即刻间台下掌声如雷。其后流水板的畅通从容，又似行云流水，展示京剧的音乐之美。再加上雷琴还表现京剧中各种打击乐器的声音效果，高度"声似"又神似。这一切都让观众收获了惊喜的快乐。

王华杰的《铡美案》演奏完毕，收获经久不息的掌声，那是必然的。

当然是返场又返场。

接着王华杰加演了豫剧选段《拷红》，这又是热爱中国戏曲的老百姓们熟知的曲目。最后奉献给热情观众的，是异域风情的印度歌曲《丽达之歌》，还有秦腔《红嫂》选段。

王华杰的雷琴演奏，在西安这座具有深厚民族文化背景的古老城市得到新的开拓。王华杰的节目是这一届西北音乐周上最受欢迎的两个节目之一。另一个赢得观众喜爱的节目，是既好听又特能接地气的《青海花儿》。

《西安晚报》这样评论王华杰的演奏：

这是一个极受欢迎的节目，赢得了满堂喝彩，在潮水般的掌声中，一再加演，欲罢不能。

《陕西日报》也有说法：

演奏生动细腻，曲目广泛韵味浓烈，甚似乐器歌唱家。

王华杰的雷琴演奏每一次面对观众时掀起热潮，是源于雷琴这种乐器的"天才"，也是源于王华杰这位操琴者的艺术天赋，更因为王华杰在自己的事业中总是向着完美追求。

王华杰对自己演出的每一个曲目，都得研究与它有关的各种元素。比如《丽达之歌》，是印度电影《流浪者》插曲，这是王华杰演出次数最多的曲目之一。为此，他对印度音乐甚至包括舞蹈格外关注，悉心研究，获益甚多。

京剧《铡美案》选段也是热门曲目。为了把《铡美案》演绎完美，王华杰一直都是下足功夫，听着唱片一句一句琢磨，后来又在济南找到著名的京剧裘派艺术家方荣翔，当面请教，进一步得其要领。

似这般专注，焉能不成功？

加拿大：亚太艺术节

1985 年，为了促进国际文化交流，文化部组织了"中国西北艺术团"，在宁夏文艺团体中挑选特色节目出演。

王华杰的雷琴节目因独有的演出效果和吸引力被选中，王华杰随艺术团赴加拿大温哥华，参加"第一届亚太地区艺术节"的演出。

1985 年 6 月演出团到达温哥华参加艺术节。在维多利亚港，艺术团进行了第一场表演，王华杰的雷琴曲目是《穆斯林的婚礼》和《农家乐》，这都是他自己的原创作品。

7 月，艺术团到达蒙特利尔，参加"第二届国际艺术节"。

8 月，艺术团先后在加拿大的埃德蒙顿、多伦多、渥太华等八个城市演出，受到广泛好评，而雷琴独奏尤其是打动观众的一个节目。

比如《星岛日报》和《嘉华日报》说："王华杰拉的一手好琴，千变万化，真是难得一见。"

《爱华日报》评论他的演奏"堪称一绝"。

《大汉公报》这样描述他的演奏：

> 每次都博得经久不息的热烈掌声，欢呼声，使得观众大为激动，情不自禁，击掌打拍子，台上台下融为一体，出现了激动人心感人肺腑的情景。

赴加拿大演出

乐器表演家王华杰的雷琴独奏《欢乐的农家》以雷琴独特的风格，逼真地模仿了鸡鸣、马嘶与人的欢声笑语，形象，幽默，使观众们笑逐颜开，特别是当他用雷琴演奏著名加拿大民歌《红河谷》时，观众们感到非常亲切，禁不住跟着用拍掌节奏唱起来，顿时台上台下融成一体，形成了激动人心的场面，充分体现了中加两国人民深厚的友谊。

艺术团这次成功的演出，得到加拿大人民与海外华人的崇高评价，给加拿大人民留下了亲切美好的难忘回忆。温哥华当地中文、英文的报纸和电台，对他们的演出都有热情赞赏的报道。

在温哥华艺术节开幕的第一场演出，主办方是由各国演出团体的节目中，各抽选一个节目。王华杰的独奏被选中。

如前文所述，当王华杰演奏完《穆斯林的婚礼》走下舞台时，遭遇了一回"突然袭击"。有一位素不相识的女士跑过来，她听到王华杰的演奏，深受感动，她必须要跟这位艺术家相见相叙一番，必须当面表达发自内心的赞赏和谢意。

在外国观众的眼里，在他们的心目中，雷琴新鲜而奇特，富有神秘感。艺术团在多伦多演出时，王华杰还遇到了一个"纠缠不休"的人。

一场演出刚结束，有个记者到后台来找到王华杰。王华杰接受他的简单采访之后准备撤了，记者又说，他很想仔细看一看王华杰演奏的这把乐器，可当时满载着演员回住地的专车马

赴法国演出留影

上要开动，王华杰只能说一声"抱歉"，匆匆告辞。

回去之后，这个记者却再次出现在王华杰面前，他是一直追到演出团住地来了。原来就是要恳求，一定允许他仔细地近距离地看一看王华杰这把很特别的乐器。

王华杰稍感愕然，真有这么热情的乐器爱好者？

将王华杰的雷琴盯着，上上下下里里外外仔细盯了一遍之后，这位记者才说出他心里的小秘密。

是这么回事儿，听了王华杰的演奏，在欣赏佩服之余，该记者有点疑惑：这个乐器演奏起来变化那么多样，演奏者却又那么轻松自如，怎么做到的？记者忽发奇想：这个乐器里多半是有什么特别的机关吧，是不是一种更新型的电子琴什么的，可以随意操控，把各种特异功能呼来唤去。

其中必有奥妙！这位记者先生执意要探索一下，要深度报道一下。

结果，他并没有找到他想象中的答案，所有的神奇效果，完全是出自演奏者本人的智心与巧手。

答案很简单：这就是雷琴，不同一般的乐器。

在加拿大演出之后，中国西北艺术团又赴多国做文化交流。他们接着访问了非洲的加纳、布基纳法索、佛得角，还有法国，圆满完成了环球一周的演出任务。

1985 年在非洲演出

体验另一种演奏

北京：中央电视台音乐厅

1985 年，在中央电视台音乐厅举办了"王殿玉先生诞辰 85 周年纪念音乐会"（系延迟日期举办）。作为王大师的亲传弟子，王华杰和他的两位师兄心情特别激动。

因为这是雷琴第一次大规模的集体亮相。

首先得感谢雷琴人心目中特别敬重的"冯大姐"冯卉女士，她热情的得力的策划和实施，才使得这次活动达到了理想的关注度与宣传效果。

中国音乐界的多位著名前辈和专家出席了音乐会，有高元钧、甘柏林 、时乐濛 、王铁锤等 。

王华杰在音乐会上演奏了自己的原创作品《穆斯林的婚礼》，并参加了雷琴专业研讨会。

美国：从旧金山到纽约

1995 年，应美国国际娱乐公司邀请，王华杰参加了一次规模较大的演出活动，赴美国进行商业演出和文化交流。

演出团在旧金山、洛杉矶、拉斯维加斯、迈阿密、圣芭芭拉、纽约等三十多个城市进行巡回表演，行程遍及美国各地。

也许因为是商业演出，场次的安排是特别密集的，居然有一天之内演出 5 场的纪录。

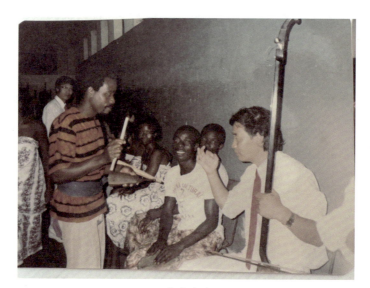

艺术交流

在上海音乐学院授课

时间排得太满了。大家忙着演出，转场，对美国当地的文化、民俗等很多方面，王华杰他们也来不及太细致观察。

不过比较明显的感觉是，在城市之外，那地方对环境的人为开发较少，保持原始状态较多，可能是因为人口没有那么密集吧。还有就是感觉他们对本土文化的保护和重视。

"联想起来，我们中国是几千年的文明古国，历史那么悠久，我们拥有更加丰富优秀的文化宝藏，更应该充分重视，充分发扬，在全世界显现光芒！"

北京：中国儿童艺术剧院

1999 年，是王殿玉先生诞辰 100 年。为了纪念这位对民族音乐贡献卓著的音乐家，中国音乐家协会雷琴研究会，筹办了纪念王殿玉先生诞辰 100 周年音乐会。

参与联合主办的单位有中国音乐家协会民族音乐委员会、中央人民广播电台文艺中心、中国国际广播电台文艺部。

演出时间：1999 年 10 月 30 日。演出地点：中国儿童艺术剧院。

这一天，王殿玉的亲传弟子，还有第二、第三代传人汇聚北京，展示了一场高水准并且富有创意的雷琴、古筝演出。

参加雷琴演出的有王华杰和他的两位雷琴师兄宋东安先生、傅定远先生。参加古筝演出的有王殿玉先生的古筝弟子高自成先生、韩廷贵先生。演出的还有年轻的雷琴古筝传人。他们才华出众，各具风采。

这是一场富有成就感的音乐会。演出亮相了一批最新的创作成果：

王华杰演奏了他的原创作品《穆斯林的婚礼》，傅定远先生演出了自己的作品《阿凡提之歌》。

还有好几位年轻的演奏者也拿出了新创作的《欢庆锣鼓》《满江红》《龙春颂》《闯滩头》《六畜兴旺》。

大家都在用自己的进步和开拓展现雷琴艺术的新面貌，突破最开始的单纯模仿。从内容到形式。人们看到了雷琴和古筝的希望。

作为音乐会的延续，第二天在中国音乐学院附中，又召开了雷琴学术研讨会。与会的演奏家和学者加入讨论，各抒己见。

从音乐会到研讨会，年轻一代最能感到有收获。现实的进展让王华杰他们心劲儿也更足了。

作为王殿玉先生的亲传弟子，作为雷琴研究会的会长，王华杰对这次音乐活动的成果相当满意，对雷琴的发展更有信心了。

宁夏：第二故乡的足迹

2003 年 1 月，在银川市的宁夏人民会堂，举办了一场"绿色环保之光新春双拥音乐会"。"拥军优属，拥政爱民"，这是老百姓和军队双方都看重的感情投入。

参加这次演出的，有本地一些大专院校的师生，更有文艺团体的艺术家们。

当地媒体报道：

演出在座无虚席的宁夏人民会堂举行，荣春梅的民族唱法，王华杰的雷琴演奏，把整个晚会带入了高雅飘逸的气氛之中，给听众留下了难忘的回味。王华杰是我国著名的雷琴演奏家，他的演奏技巧惟妙惟肖，发挥得淋漓尽致，好评如潮。

就像这样，作为一名宁夏的艺术家，多年的岁月中，王华杰脚踏实地尽心尽力地为第二故乡的观众奉献出自己的音乐。

多年里，他在各个文艺团体工作期间，付出辛勤的艺术劳动，从城市到农村，他在很多基层点都演出过。在宁夏全自治区，几乎没有他的雷琴没到过的县市。

银川以北的石嘴山、平罗、惠农、大武口、汝箕沟，银川以南的吴忠、中卫、同心，南部山区的固原、泾源、隆德等，王华杰都去演出过。还有最远的泾源县，他也去演出了好多次。

和中国当代的很多文艺工作者一样，王华杰手里的乐器和音乐，多年里最多的就是跟老百姓、跟工农兵打交道。除了在城市农村的基层演出，还多次到部队慰问，到工厂演出。

登得了大雅之堂，也接得上广远地气。艰苦和辉煌、心血和汗水，让他的艺术人生特别充实。

他说，这辈子值了，我和我的琴。

第七章

与新时代协奏

李焕之的协奏曲理想

1999 年 10 月底的一天，这是在刚刚举办了纪念王殿玉先生诞辰 100 周年音乐会之后。王华杰接到了一个通知：中国音乐家协会的主席要接见他们。

这名主席就是中国著名的音乐家李焕之。

王华杰怎能不激动呢。虽然自己已然是一位具有专业成就的演奏家了，但是李焕之在他的心目中，就是一座音乐的高峰啊，他以前一直是远远地景仰。

音乐会的第二天，李焕之先生约见的有王华杰，还有来自西安音乐学院的古筝演奏家高自成。

事先，王华杰准备了一下要向李主席汇报的内容，其实，他更想听到李焕之对他们有哪些专业的指点。

见面的环境也挺特别的。那几天，正赶上中国音协的新办公楼还在修建当中，现场是一片繁忙嘈杂的工地景象。李焕之与两个音乐人热烈的交谈就在这有点特殊的环境里展开了。

头一天的纪念王殿玉音乐会，李焕之因为另有工作安排没能来看演出，但李焕之对这一场民族音乐的展示是相当关注的。

果然，这次的接见对雷琴、对王华杰，都有重要的提点。

第一，李焕之说："以前我们只知道王殿玉是雷琴的创始人，是雷琴的专家，通过这次音乐会，我们才知道中国民乐界的好几位大师级的权威都是王殿玉的学生。所以，王殿玉不仅是雷琴演奏家，还是一位音乐教育家。"

这才是对王殿玉更完整和深刻的评价。自此之后，音乐界才正式认定了，王殿玉不仅是优秀的雷琴演奏家，还是一位育人有方成就赫然的音乐教育家。

本书前文详细介绍过王殿玉先生门下传人的艺术地位及成果，满眼的桃李繁盛。教育家的名望，王殿玉是当之无愧的。

第二，说到雷琴的现状，李焕之越说越激动："雷琴目前这样的状态，是比较危险的。"

第三，王华杰本来就要汇报这个问题，这一下正好说到他心坎上了。

"你们想过没有，如果就这样让雷琴自生自灭，雷琴就要失传了！难道你们……"

李焕之几乎有些斥责的态度，却使"挨呲"的王华杰心生暖意。中国音乐界的领导都这样重视了，雷琴的生存环境就会进一步改善了，求之不得啊。

李焕之对雷琴音乐提出了一个令人兴奋的建议：尝试写作雷琴协奏曲。

大家当然联想到了那一首著名的小提琴协奏曲，它让中国的戏曲越剧还有梁山伯与祝英台的故事，走进了世界艺术舞台。

在临时办公棚子里的这次兴致盎然的交谈，音乐大家给予的充分鼓励和指导，在王华杰内心，一点一滴都在产生着支持的力量。

尤其是有关创作雷琴协奏曲的建议，在王华杰心里掀起了希望的波澜。

雷琴协奏曲！多么智慧的具有远见的一个构想。王华杰听到李焕之的提醒，当时非常激动。

而在多年后的今天，王华杰说到此事又遗憾不已。

其实他是用不着自责的，为了实现这个美好的构想，从雷琴研究会到他自己，都是努力又努力了，无奈的是至今还没有结出成功的果实。

"实际上，我们也真的开始过这一项作曲的实验了。"

王华杰是专业演奏家，但作为一名作曲者，面对协奏曲较为复杂的结构，他自认只是个业余分子。

下决心，必须让专业作曲家来写雷琴的协奏曲，王华杰想起了与自己相熟的一位音乐人文德清。

文德清当时正好供职于宁夏歌舞团，这个人在音乐创作上很有个性，也富有艺术激情。听了王华杰的提议，文德清非常感兴趣，挺有创作的思路。两人共同倾心的协奏曲进展流畅，文德清不久就拿出了协奏曲的第一稿。拿到这份曲谱，王华杰看到了雷琴在协奏曲中的闪亮的新的前景。

接下来，当他对着崭新的曲谱，一点一点拉起雷琴，才发现存在着一条看不见的却必须跨过的大大的鸿沟！

尽管这是一位有创造力的作曲家，但他对雷琴实在是了解甚少，并不熟悉雷琴的乐器构造、演奏方法和雷琴音乐的特质。在这个草稿中，最主要的雷琴声部的旋律，在雷琴上试奏起来，遇到了很大的困难。不要说艺术表现，连基本的操作也无法实施。

王华杰明白了，必须先给作曲家介绍雷琴的特点，还是因为他自己的前期工作不到位。

难度相当大的一件事情！

有个最大难点。写作器乐，作曲者必须基本熟悉乐器的性能。而雷琴这乐器太难搞，绝大多数人都没接触过。

光说不行，必须是演奏者和作曲者一起有相当一段时间的现场合作，才有得到创作成果的可能。唯一的办法，是让作曲家和雷琴演奏家一起坐下来，让作曲家具体深入地搞清雷琴的特殊之处，这才能使音乐和雷琴和谐共处，协奏曲才能"协"得起来。

但这也只是可能而已，其中难度，超过一般的估计。

作曲家文德清开始也想得挺单纯，他是认为，曲子已经写出来了，加把劲，就可以去参加即将在青海举办的西北音乐周了。这是个不错的展示机会。

后来在听到王华杰反馈过来的疑难信息之后，文德清并没有泄气，仍然充满信心，他邀请王华杰立即回到宁夏来，两个人一起努力切磋，加个油，把这一件未来的雷琴珍宝搞出来。

王华杰这时不在宁夏？去哪里了呢？

那个阶段王华杰是在深圳工作。由于王华杰的家庭经济多年常在拮据之中，到了他三个孩子都上大学的时候，高兴的同时又得面对困境。为了供孩子完成学业，维持经济来源，王华杰两口子南下奋斗，到深圳去打工挣钱。

具体状况所限，想来想去，王华杰没有办法扔下一家人的生计回来搞曲子。于是，那一叠谱子在王华杰身边默默地沉静了下来。

雷琴协奏曲，就这样默默沉静，多少年了。

机遇，还有机遇吗？这一直是王华杰心底的一个遗憾，一个未了，一个期待。

王华杰常常回想起李焕之说到协奏曲时，那种兴奋的眼神。

协奏曲，能最终实现吗，在自己手里实现吗，他不知道。但他知道，协奏曲，是终将属于雷琴的一件珍宝。

他想过重振此声，他想过努力创作出那个神奇的曲谱，想过一连串的具体：有了曲子如何聘请和组织乐队，如何寻找经费来源。

但在王华杰这么多年的现实中，一直找不到这个可能的机遇，这一直是他心底的一个遗憾吧。以后，他自己，或是还有别人，能把这件事情做成了吗？

关于雷琴，王华杰想到的还有更多，太多。不管能做多少，已经做好的做得更好，把能做的做起来。

这就是每一年每一天的王华杰，王殿玉的勤奋的传人。

"李焕之的提议，我觉得非常好。协奏曲这个形式，实际上就可以把那个民族音乐跟西乐的东西结合起来。所以也不要只是局限在民族音乐里。而且你想，小提琴协奏曲《梁祝》，对发扬民族音乐的文化，就产生了国际影响。这是很现实的启发。"

能做到的，他都是全力投入了。如果说关于雷琴王华杰还有什么可遗憾的，也就是这个协奏曲了。

内心深处，他还期待着一个个模糊的，或者可以清晰起来的未来形态：雷琴协奏曲。

雷琴的破冰

要给雷琴护航，要避免它在某一时期不知不觉落入绝境，就得拿出群体的努力和行动力。

2009 年 10 月 25 日到 29 日，为了继承雷琴演奏艺术，培养新生力量，中国音乐家协会雷琴研究会在北京举办了一次具有抢救性质的培训班，并组织了一系列相关活动。

首先出场的是"首届全国雷琴演奏艺术培训班"，如此的规模在雷琴发展的过程里，是第一回。

这是一场面向全国的雷琴艺术体验与学习活动，来自全国各地的十几位雷琴演奏者、爱好者兴致勃勃赶来了，充满了好奇心和好胜心。

在培训班担任主讲的老师是雷琴正宗的第一代传人，一共三位王殿玉大师的亲传弟子：宋东安、傅定远、王华杰。宋先生和傅先生是王华杰的两位师哥。

此后，三位主讲嘉宾还到中国音乐学院举办的讲座，向音乐学院的师生宣扬雷琴艺术。

另外，他们又参加了中国音乐学院《中国传统音乐文化资源库》中第三部《中原和风》器乐系列的资料录制工作。

最后，举行了雷琴艺术专场音乐会。

最开始，10 月 25 日上午 培训班举行了开学典礼。

25 日下午，培训班在煤矿文工团开课，开始了雷琴的专业学习。三天中由宋东安、傅定远、王华杰分别为学员上了两轮的培训课。

学员们经过 5 天培训，了解了雷琴艺术的传承历史与演奏特点，初步掌握了雷琴演奏的技法，欣赏了三位大师高超的演奏技艺。

在两轮教学和 5 天的培训之后，最后还组织了学员的汇报演出。29 日下午，学员们向老师汇报了自己演奏的乐曲，三位大师一一做了精彩的点评。

培训班还举行了结业座谈会，学生们畅谈了学习收获与体会。

来自杭州的孙以诚说：

"本来是抱着好奇与兴趣的心态来学习的，可是当我听了三位大师的授课和讲话后，我完全转变了以前的看法，内心有一种危机感与使命感，抢救雷琴艺术刻不容缓！雷琴目前在中国民乐中是一件小众乐器，处于弱势地位，但又是一种非常具有中国传统风味的民族乐器，为抢救这件面临危机的乐器，我们二胡人有责任挑起这个重担，好好学习继承下去。"

中央音乐学院的于秋实同学说：

"作为青年一代我们有责任承担学习雷琴的任务，'路漫漫其修远兮，吾将上下而求索'，我们不仅要继承，而且要进一步提高演奏技艺。要普及雷琴必须从孩子做起，要编写雷琴教材，将雷琴引入民族室内乐中去普及。从现在起，我要重视对雷琴的研究，并在适当的时候撰写雷琴研究的论文，作为一个课题来研究它。"

雷琴的这一次聚力亮相，在音乐界和媒体成功地引起了明显的关注和反响。

2009 年 11 月 24 日的《中国艺术报》对这首次大规模的雷琴艺术活动做了报道：

> 为了确保培训班成功，雷琴研究会经过长期的准备，请来了目前在国内仅存的王殿玉先生亲传的三位弟子宋东安先生、傅定远先生、王华杰先生，为培训班授课。他们三位分别在天津、广州、宁夏工作，甚少聚在一起，现在他们年事已高，都是 70 多岁的人了，但为了雷琴的传承，他们不顾身体多病远途劳累，来到北京义务授课。
>
> 宋东安、傅定远、王华杰三位大师，看到如此隆重的开学典礼，和来自天南地北的众多学生，十分兴奋与激动，他们一致表示，为了雷琴艺术后继有人，只要有人愿意学习雷琴，自己一定竭尽全力传艺。说到动情处，宋安东老人流下了激动的热泪。
>
> 确实，雷琴这乐器，还真是第一回能拥有这么大的阵势。

雷琴研究会名誉会长冯卉、副会长李滨、丁宝春等人到
会祝贺。参加本次培训班的学员来自河南郑州、浙江杭州、
山东济南、江苏徐州、黑龙江鸡西、辽宁、河北、北京，其
中包括中央音乐学院学生以及音乐学系研究生等十余名。

更加具有开拓性质的活动，是培训班之后雷琴和雷琴老师
们在音乐院校的亮相。

雷琴研究会副会长李滨说："雷琴破天荒地第一次走进了中
国音乐的最高学府——中国音乐学院的神圣殿堂：在中国音乐
学院举行了雷琴讲座，举行了雷琴专场音乐会，这是我们雷琴
人极为高兴的事！这对于雷琴的发展具有深远的历史意义！"

10月28日下午，应中国音乐学院图书馆、中华传统音乐
文化资源库课题组的邀请，三位大师在中国音乐学院阶梯教室，
为学院举办的"雷琴艺术专题讲座"进行讲学，并在现场示范
演奏了雷琴乐曲。

中国音乐学院副院长，著名二胡演奏家宋飞主持了这个讲
座。

雷琴啊，王华杰拉琴这么多年了，但在此时此地，他的感
觉还是很特别的。

雷琴是一款独具魅力的中国民族乐器，它的衍生与发展，
很自然地，会引起国内音乐专业界还有音乐教育界的瞩目。

而作为雷琴大师的亲传弟子，王华杰感觉，多年来从不停
歇的努力开了花结了果。

当年师傅把那一把珍贵的雷琴交到王华杰的手里，现在，王华杰要把雷琴独一无二的声音传输给更年轻的充满活力的音乐人，让雷琴的血脉也延绵不绝。在与年轻人面对面交流时，王华杰不仅是做师长做朋友，他还有一种类似亲情的责任感。

自新世纪的 2009 年到 2019 年，王华杰受中国音乐学院和中央音乐学院的邀请，曾经多次面对青年学子进行讲学。

正是 2009 年这次，在中国音乐学院的讲台上，王华杰进行了他的第一次讲学。

这次校方邀请三位雷琴专家来课堂讲学，讲学包括两项安排，除了讲课，还有讲学者的现场表演。

三个人分别讲三部分内容。这三部分的内容，王华杰请两位师哥先行选择，然后，王华杰再认定自己承担的部分。

分配下来，王华杰要负责的主题是雷琴的构造，还有师父王殿玉的简历和有关情况介绍。

三位老师都展示了现场演奏。

从纪念王殿玉老师诞辰 85 周年，到纪念老师诞辰 100 周年，在比较大规模的演出现场，王华杰的雷琴演奏，起初只有《穆斯林的婚礼》这一个曲目。

自从到中国音乐学院讲学，王华杰就开始表演更多的曲目了。一次又一次新的开拓，大家都没想到他手里的雷琴音乐资源会有这么多，赞佩和夸奖也纷纷涌来。

其实对王华杰来说，最大的获得感不在于自己个人，而在于雷琴事业的进展。让雷琴能和当今更多更年轻的音乐人接触，让他们与雷琴牵手，雷琴艺术才能注入新的生命力。

在最近的十多年，面向音乐界后辈做着传授、演出和讲学，王华杰付出了尽可能多的时间精力和热情。在中国音乐学院、中央音乐学院和其他院校，他的讲学已经开展了多次。

中国音乐学院和中央音乐学院，堪称中国音乐教育的最高学府。历年来，在这些讲坛上教授讲学的，一般都是在音乐界里影响大、造诣深的名人大腕儿。王华杰自认只是一位小地方的音乐家，来到大讲坛他想的是，既然担了如此重任就该诚惶诚恐，把事情做得更扎实。

在这几次讲学和演出的现场，一方面是老师的恳切，另一面是学生们的兴趣，使得台上台下互动很活跃。王华杰站在这样的讲坛上，最欣慰的，是自己钟爱的雷琴不会进入后继无人的窘境了。

面前有这些年轻的音乐学生看着听着自己介绍雷琴，好像天上也有师父的眼睛耳朵在看着听着自己。他恨不得把手里这雷琴的奥秘都一一倾倒在讲坛上，让孩子们看懂了，接住了，保存好了，这样，王华杰才觉得心里最踏实。

2009 年 10 月 28 日晚，在中国音乐学院歌剧厅举行了"雷琴艺术专场音乐会"。

主办单位是中国音乐学院图书馆、中华传统音乐文化资源库课题组、中国音乐学院器乐系。

中国音乐学院副院长、著名二胡演奏家宋飞亲自主持了音乐会。

音乐会上，王华杰和他的两位师兄演奏的曲目有：传统京剧《凤还巢》《铡美案》《二进宫》选段，现代京剧《智取威虎山》选段，电视剧《四世同堂》主题歌《重整河山待后生》，碗碗腔《红色娘子军》，宋东安编曲的《故乡欢歌》，王华杰改编与作曲的《丽达之歌》《穆斯林的婚礼》，傅定远编曲并移植的《阿凡提之歌》《草原赞歌》《马刀舞曲》。

几位艺术家精湛的技艺，充满活力的演奏，使全场听众为之倾倒，不时报以热烈的掌声。

讲学活动的主持人宋飞把这次讲座安排得从头到尾气氛都非常轻松愉快，不仅让受教者愉快，也让讲授与表演的艺术家发挥得畅快淋漓，让参与者有了一次印象深刻的体验。

宋飞对雷琴艺术的推介发生了很大的影响。

宋飞女士是著名胡琴表演艺术家，担任中国音乐学院副院长、中国音乐家协会副主席、中国音乐家协会表演艺术委员会主任，中国音乐家协会二胡学会会长。

宋飞为推介雷琴艺术热情撰写的一篇文章，字里行间充满她对这一门艺术的真挚关心与呵护：

雷琴的演奏，涉及各种戏曲的唱段、脍炙人口的歌曲、不同地方风格的器乐曲、移植的外国作品，乃至生活中自然界的各种声音。这些都展现出雷琴人大胆创新和开放多元的文化意识。雷琴多元化的发展，离不开一代代雷琴人的努力和智慧，他们为雷琴做出的努力和成就，令我深深敬佩和感动！

宋飞作为一位珍视中国民族传统文化的艺术家，她是在充满兴趣地体验雷琴演奏的奥妙与真谛。

在中国音乐学院的这次讲座，跟宋飞的交流，使王华杰感受到来自业界领导与同行真情的认可与支持。

当时就让他对雷琴的今后又增加了信心。在讲课过程中，他跟学生们交流得越来越顺畅，演奏也是得心应手。

在这次讲学中的演奏，王华杰选择了三首曲目。

在演奏《丽达之歌》过程中却出了意外，担任伴奏声部的那个光盘忽然运转不灵，卡盘了，根本就伴奏不了了，这可该怎么办呢？

面对突发的这个小状况，主持音乐会的宋飞院长挺镇定地说："没关系，索性咱就不要伴奏了，就来欣赏王老师完完全全的独奏吧。"

是不是有点令人懊恼呢？没想到的是，就在这种事先没能预料的情况下演奏雷琴，之后还取得了相当好的反响和评价。看来是在没有伴奏的时候，雷琴的优长反而能更多展示出来吧。

王华杰正演奏着《丽达之歌》，大家忽然发现有人在舞台的侧边翩翩舞动起来，原来这是宋飞，她也特别喜欢这首电影插曲，热心地给王华杰助个兴。

王华杰还拉了一段京剧《铡美案》的选段，这也是具有代表性的雷琴常备曲目。

王华杰最后演奏的就是他自己的原创作品《穆斯林的婚礼》。

这次雷琴活动中更有价值的一项工作，是为中国音乐学院《中国传统音乐文化资源库》中第三部《中原和风》的器乐系列提供资料。

讲学活动中的雷琴演出实况被详细录制下来，作为资料保存。这部分资料收藏在中国音乐学院图书馆。这些也就成为雷琴永远的珍贵音乐资料了。

而且，王华杰特地拿出他珍藏了 50 多年的一件珍贵资料，这是王殿玉 20 世纪 50 年代录制的 72 转塑胶唱片，提供给中国音乐学院图书馆，进行复制保存。

2009 年的这次雷琴系列活动还有一个完美收官：拜师收徒。

10 月 29 日晚上，在结业宴会之前，举行了隆重而简朴的"雷琴演奏大师宋东安、傅定远、王华杰收徒仪式"。

王华杰要收的这位徒弟，是中央音乐学院的研究生许瑞。这是他正式收下的第一名雷琴徒弟。

多年来，王华杰一直期待要为第二故乡宁夏培养后辈的音乐人，这回才是如愿以偿了，心里对师父说：

"我收徒弟了，是中央音乐学院的硕士研究生，还是宁夏人。我总算对得起恩师，也对得起宁夏人民五十多年的培养了！"

弟子们一一向大师行拜师礼，三位大师授予各位弟子由他们亲笔签字的收徒证书。这种极具中国传统的收徒仪式令在场的学员与来宾感动不已！

宋东安、傅定远、王华杰的收徒仪式，使雷琴艺术有了又一代传人。

或许，这又是此次系列活动之中最具有现实意义的一项。

宁夏本地音乐界和媒体也极为关注 2009 年这次雷琴的演出和教学系列活动。

有这样的报道：

受中国音乐学院图书馆、中华传统音乐文化资源库课题组邀请，雷琴艺术讲座和音乐会在中国音乐学院举行。著名二胡演奏家宋飞女士主持讲座和音乐会，她对雷琴的生动点评，使雷琴的魅力深入观众心间。

今年是著名艺术家、教育家、雷琴创始人王殿玉先生诞辰 110 周年，他的亲传高徒宋东安、傅定远和王华杰，在音乐会上联袂演奏。雷琴绝艺，技惊四座，据悉这是雷琴第一次走进中国音乐的最高学府中国音乐学院。

这三位雷琴演奏家中闪现了我区艺术家的身影，他就是 69 岁的王华杰，现为中国音协雷琴研究会会长、宁夏民族管弦乐学会会长。王华杰演奏了他创作的《穆斯林的婚礼》，这部作品，已被中国音像出版社收入《中国民乐大系》

现在会演奏雷琴的人在全国只有十几个，其中能把雷琴完美表现的，更是凤毛麟角，目前王殿玉的亲传弟子，第一代传人，只有宋东安、傅定远、王华杰。

还有的评论肯定了功绩：

王华杰经过多年探索，创新了雷琴的演奏技法，丰富了雷琴的艺术表现力。

雷琴艺术已是濒临失传的一门艺术。因为王华杰和其他热衷民族音乐事业的音乐人的执着努力，雷琴迎来了曙光。

他有一个大姐

冯大姐，冯大姐。

王华杰总是说起冯大姐。

在他有关雷琴事业的一段又一段叙述中，凡逢大事，凡逢大事重要关头，几乎都有这个人物出现，都有一段要讲到这位女将运筹帷幄、多方周旋、全面部署、淡定指挥的故事。

冯卉女士，中国音乐家协会艺术表演协会前副会长。说起冯卉，在音乐界，衷心感念她助力的艺术家不止一人。

她，就是一个音乐界的伯乐。音乐界有多位演奏家、歌唱家，都是她助力推出的。这位"伯乐"的助力不仅是简单的推荐，更有实际活动的策划组织宣传和达成。

"她策划的东西多了去了。全国性的大型的活动，跟国际接轨的艺术和演出活动，好多都是她进行策划的。她有这个能力，她也特别能张罗。"

在冯卉艺术领域的多项工作中，有一项是投入了特别多的，那就是致力于抢救"冷门"的雷琴艺术，传承发扬雷琴艺术。

为了雷琴，多年来冯卉付出了最大的热忱和努力。她的热忱始终不减，她的具体行动又总是采取了合理可行的方式，达到最大可能的效果。

"可以说，没有冯大姐，就没有我们这个雷琴研究会，也没有雷琴这些年的发展。"

这并不是溢美之词，而是扎扎实实的事实。这是王华杰，也是雷琴队列成员们共同的肺腑之言。

近年来，雷琴研究会组织了多次大型的活动，都是冯大姐策划进行和主持的。

比如在中央电视台音乐厅举办的纪念王殿玉先生诞辰 85 周年音乐会。

那真是雷琴第一次大规模的集中演出。

由于冯大姐的得力策划、联系和宣传，这次活动才有了理想的收获与宣传效果。中国音乐界的多位著名前辈和专家出席了音乐会，如高元钧、甘柏林、时乐濛、王铁锤等人。

又比如 2011 年 9 月，中央电视台音乐频道《风华国乐》栏目为了向观众介绍多数人并不熟知的雷琴，推出了一期雷琴专辑，也是冯大姐助力。

这是雷琴的第一次，雷琴以及雷琴传人，在电视节目里集中亮相。中央电视台，也是做了一回抢救工作。之后的电视传播、受众多，影响大，雷琴一下子提高了知名度。

冯卉虽然不是直接演奏和研究雷琴的人，却对雷琴的传播，继承，起到了关键作用。

"我亲眼看到她是做了很多工作。也是别人做不了的工作。你想，那时候，让雷琴在中央电视台、中央人民广播电台演出，一般人哪能办到，谁有这个能力？说实在的，没路子，没方向。"

"她就是特有能力。比如中国广播电台音乐厅，那地方轻易进不去的。还有那次央视给我们师兄弟三人录像，这都是冯大姐争取来的机会。"

"说到雷琴这几十年的生存和发展，拿头功的应该是冯大姐！"

可以说，某一个人的远见和行动，确实会影响到一整个行业的发展进程。

如果没这个人，也许这一行发展的机会、这个路就被堵上了。

或者没有这个人，10 年，20 年，是不是就会延缓这一行前进的脚步？

"真是的，要是没有她，雷琴的发展，很有可能停下来个几十年，真是有可能。"

"她对中国传统音乐做了很多事情，这是事实，在那儿摆着的。有很多是除了她别人也做不了的工作。"

"没有冯大姐，就没有雷琴研究会，也没有雷琴今天的发展。"

王华杰这样说过，并且永远要这样说。

这本书里的很多故事里都有冯卉，冯大姐。

中央电视台：风华国乐

2011 年，中央电视台音乐频道的《风华国乐》栏目，策划了一档新节目，向观众介绍雷琴这个独有特色如今又鲜为人知的民族乐器。栏目集中制作、推出了一期雷琴专辑。

这是《风华国乐》的第一次，也是雷琴的第一次。对于雷琴来说，这是一个很重要的展示机会。

这次雷琴的集中亮相，从立意策划，到联络准备，组织实施，仍然是得力于常年为雷琴发展运筹帷幄操心奔走的音乐界女将冯大姐冯卉女士，这回出主意的又是她。

冯大姐认为，要保留发展雷琴艺术，就应该使它更多地面向广大群众。要多多宣传，要树立雷琴的生动具体的艺术形象，才让观众更有亲切感。

有了这样的意念，冯大姐跟雷琴研究会商量敲定之后，自己亲自领头来办，她瞄准了央视的 15 频道。

冯大姐主动联系《风华国乐》栏目，向他们介绍雷琴艺术的历史与现状。她强调了这个门类非常珍稀，目前专业队伍规模太小等。

"要录制，就得抓紧啊。老一辈的现在都七八十岁啦，再不录就来不及了。"

这就说明了要抢救，说明了宣扬这个门类的必要。

《风华国乐》栏目了解到了有关雷琴的一切，也很认同这个意向，双方一拍即合，工作开始顺利进行。

来自各地的雷琴演奏家受邀到北京，齐聚一堂。

其中最受瞩目的，自然是雷琴祖师王殿玉的亲传弟子宋东安、傅定远、王华杰，三位雷琴第二代演奏家。

两位师兄宋东安、傅定远都演奏了自己的拿手曲子。

而王华杰的曲目在这档节目中播出的有：《穆斯林的婚礼》《丽达之歌》和《打虎上山》。

如果手边方便，读者朋友可以试着把《穆斯林的婚礼》这首曲子先找来，自己看一看听一听。

这段《穆斯林的婚礼》，称得上王华杰的代表之作。

拉琴，王华杰当然是专业的，要说作曲，他可就是个"业余人员"了。他自己很清楚，写这曲子也是一时激动就写起来，当时也没多大的把握。

但是他成功了。

创作的直接来源就是真情表达，当然，也必须具有艺术感知与创造力的天赋。

您听听吧，《穆斯林的婚礼》，旋律的优美和流畅之中，既有鲜明的阿拉伯音乐的调式特征和异域色彩，又有中国民族音乐的委婉细腻，加上西乐队伴奏声部里面和声与织体的成功衬托，在王华杰真情投入的弓弦之上，一件佳作就这样完美呈现在声音的境界里。

东方元素和西方元素只要融合得当，会成就美丽到令人叹息的"混血儿"，音乐和其他艺术都是这样的。

在这期《风华国乐》节目中，几位"亲传弟子"演奏家在倾情演奏之余，还细数"家珍"。亲切地向观众介绍雷琴。

雷琴，原来叫大弦子。王殿玉老师开始就这么叫的，也没有很正式地给它起个名字。据说在老师某一次演出之后，有记者采访，问到了他手里的乐器叫什么。王殿玉说建议叫雷琴比较好，因为这琴声音结实洪亮，有雷霆之力。

经历了数年数次的一些变化和议定，最终业内业外都认可了"雷琴"这个正式的名称。

这期《风华国乐》节目中，用直观方式展示雷琴乐器的外表，还用大量行进字幕和旁白向观众提供了雷琴的更多信息和文化背景，包括雷琴的诞生、它的创始人、演奏家们的简介、原创作品。

这一次全面展示的效果，让更多的人，包括音乐行中人，知道了雷琴，关心起雷琴。

节目做成，多次播放，网络也多有转播。

说到这期节目，王华杰至今还有很多的感慨。

"我们雷琴界和雷琴研究会，非常感谢冯大姐有关这次活动的立意和促成，也感谢中央电视台音乐频道对我们雷琴事业的支持。"

在 10 年后的 2021 年说起来，王华杰还是很看重那次的节目录制：

"如果没有那一年的机会，到现在这年纪，我们师兄弟三人再想一起做这件事情，就太困难太吃力了，基本也就不可能了。"

事业的生长，在世间的每一步，都得抓住不可错过的宝贵时机。事业的成就，都要感恩那些真诚的有远见的助力之人。

雷琴的新兴：研究会

说起雷琴研究会，这个音乐组织的出现，也是民族音乐人理想的一种实现，一个美好的现实。

在 20 世纪 80 年代，雷琴，这个长期在体制外飘荡的"野孩子"终于找到了自己的家。几经曲折，中国音乐家协会雷琴研究会诞生了。

筹备的过程中，中国音乐家协会和音乐界的有识之士，为力量薄弱的雷琴队伍撑开了一片立足的空间，其中有一位最付出努力的关键人物，就是冯卉女士。

自从研究会成立之后，雷琴这一项民族音乐专业艺术的继承和发展，进入了一个具有新希望的阶段。

2000 年，《人民音乐》第四期发表了冯卉、李滨的文章《桃李天下芳百世》。文中详细介绍了雷琴大师、音乐教育家王殿玉先生对中国民族音乐的多项贡献。

文中还具体列出了王殿玉先生培养出的"卓有成就的雷琴、

古筝演奏家"：赵玉斋、高自成、王华杰、傅定远、宋东安、韩廷贵、何宝泉、韩凤田、张乐、王福生、王福立、王福荣等。

雷琴艺术在拓展中引起了音乐界和社会的更多关注，雷琴也努力培育自己这门独特艺术的后代，发现和培养更年轻的有才华的音乐人。

2004 年，在一次雷琴专业研讨会上，经由师兄傅定远先生提议，王华杰正式接任了雷琴研究会会长的职务，从此，他挑起了承载着雷琴几代事业理想的担子，他深知其中分量，要尽全力才能不辱使命。

从此，他的人生和雷琴的命运更紧密地联系在一起。他为雷琴的努力追求和操心，也是越来越多起来了。

以前，他安静下来，面对已经远去的恩师，内心独白是：师傅，放心吧，我做到了。

现在，他可以更有底气地对师傅说："您瞧好吧，我们几个都能做到的，咱们的雷琴能有气候了，以后会越来越好。"

2012 年 11 月 8 日，中国共产党十八大召开。这次重要会议号召全党全民"坚定不移沿着中国特色社会主义道路前进，为全面建成小康社会而奋斗"。

作为新时期奋斗队伍中的成员，音乐人也在不断振奋精神，努力奋进。党的十八大以后，信心满满的雷琴研究会在中国音乐家协会的正确领导下，在中国文联和文化部的关怀和支持下，全体人员齐心协力，使雷琴艺术取得了新的进展，近年来举办的各种活动影响越来越大，参与的人数也越来越多。

业界的青年轻一代，取得了良好的成绩，本来面临失传危机的雷琴，出现了后继有人的新局面。

尤其是最近几年，在中央音乐学院、中国音乐学院和中央民族乐团等国家顶尖的艺术团体艺术院校的大力帮助支持下，开展了一系列对艺术传承卓有成效的活动和工作。

王华杰所在的中国音协雷琴研究会，还有宁夏管弦乐学会，都是用一系列实干奔赴目标的讲求实干的单位。

2013 年《中国音乐报》发表了李滨的《雷琴艺术有传人》，这篇文章向各界介绍了雷琴队伍来之不易的一点一点的扩展。

2014 年，文艺界有一件关乎当代文化艺术发展的大事，10 月 15 日，习近平总书记在北京主持召开了"文艺工作座谈会"。习近平同志在会议上发表的重要讲话，触动了文化艺术工作者们的内心，触动了大家的自信心和责任感。

雷琴研究会领导班子认真地学习和领会习近平总书记的重要讲话精神，努力和自己的工作实际联系起来。

多年中，雷琴研究会在中国音乐家协会的领导下，坚持贯彻党的文艺方针政策，与中央精神始终保持高度的一致。习近平同志这次在文艺工作座谈会上的讲话，还有他在中国文联十大中国作协九大开幕式上的讲话，都是研究会的工作指南。

在 2017 年 10 月党的十九大闭幕之后，研究会两次召开领导班子全体会议，认真学习党的十九大会议精神。

雷琴研究会的领导班子，工作中最明确的理念就是：中华民族的复兴，是与中华文化的繁荣紧密相连的。而社会主义文艺体现了中华文化的精神和灵魂。作为当代中国的文艺工作者，应该以弘扬中国优秀文化精神为己任，始终坚持爱国主义的主旋律，追求真善美的价值理念，努力做好优秀文化的宣传普及以及传统文化的继承创新的工作。

雷琴几代继续顽强奋斗

2014 年，正值民族音乐家、教育家、雷琴大师王殿玉先生诞辰 115 周年。

雷琴的生存发展，当时正处在一个关键时期。

雷琴队伍虽然也有所发展了，但却是不甚理想，有关传承的现状和前景都不容乐观。

统观全国，掌握了雷琴演奏技术的和学习雷琴的音乐人，数量极少，以此为职业的入行者就更少了。或许，这也是雷琴被列入天津市非物质文化遗产的一个因素吧。

在一般人群的认知里，雷琴的名称和形象是不出现的；甚至专业人群中的很多人，也根本不知道还有这样一种神奇的艺术存在。问一下试试吧，基本是一问三不知。

雷琴走到了这样一种有些特别的境地，文化部、中国音乐家协会、音乐院校的有关领导和专家，对此必须关注。

此时王殿玉的三位亲传弟子已届七旬、八旬之年了，尽管他们绝艺在身，艺术激情不减，毕竟因为年龄的关系，他们的精神和体力已在日渐削弱中，而年轻的后辈们还没有充分成长起来。亟须来一番发力和振兴。

雷琴界音乐人强烈地意识到，趁着几位精英仍然可以挥弓振弦带领队伍，雷琴人必须抓紧时机，整体行动。

重任在肩，责无旁贷，中国音乐家协会雷琴研究会发起组织了大型纪念音乐会等一系列活动。

担任这次行动总策划的是冯卉、王华杰，艺术顾问是王华杰、傅定远、宋东安、汤良忠，具体策划者还有李滨、许瑞等。

2014年3月，雷琴研究会会长王华杰、名誉会长冯卉领头组成了工作小组，开始进行音乐会的筹备工作。

在大型纪念音乐会的策划实施过程中，作用最大，付出心血和辛劳最多的就是冯卉和王华杰了。

作为前任中国音乐家协会表演艺术委员会副主任、民族音乐委员会副主任、现任雷琴研究会名誉会长的冯卉，是启动这次大型活动的关键人物。

2014年，在制定了音乐会计划之后，一马当先的就是冯卉。在七月的酷暑天气里，70高龄的冯大姐，带病奔波，连续辛劳，在文化部和音乐家协会等部门反复做工作，争取到各方面的充分认可与支持。

通过冯卉的努力，文化部艺术司翟桂梅女士、汤良忠先生，中央民族乐团团长席强先生，著名胡琴演奏家刘湘先生都加入了支持音乐会的行列。

在这次大型活动里，为承前启后积极努力的，当然少不了王先生的三位亲传弟子：王华杰、傅定远、宋东安。

领头的会长王华杰，那就更是首当其冲了。

多年以来，在同行和朋友们的心目中，王华杰一直是那个身材高大、声音洪亮、幽默开朗的人。可是有那么一年，他却处在了一种进行性发展的病状之中，身体开始不听话，心仍有余，力却不足了。

以往他虽是一位糖尿病患者，但这种人们司空见惯的病症，对王华杰的生活和艺术活动并没有太大的负面影响，按时吃药就行了，身体的状态还是不错的，他没有什么心理负担。

到了 2014 年，七旬之人的王华杰身体和精力突然变得不堪重负，他知道，自己正在一天比一天更加无力更加疲乏。

最明显的是，原先那么高大壮硕的体格日渐瘦弱了，越来越瘦。有时候清早起来对着镜子洗漱，王华杰会被自己突兀变化的样子吓一跳，这是怎么啦？

可是，雷琴大业任务当前，怎么办呢？王华杰顾不上这些了，除了该吃药时吃药，他只能自己跟自己装作没有生病这么回事儿。他一天比一天更忙，这一阵正忙着跟雷琴研究会的下属、音乐界的同行们商量纪念王殿玉音乐会的各项准备，落实每一个具体项目。

2014 年 8 月，王华杰抱病从银川奔往北京，跟工作伙伴一起开始音乐会的筹备，首先是遴选音乐会上的演奏节目，还要设法筹备足够的资金。

纪念音乐会的时间定在了 10 月 18 日。日期越来越近，各项工作勉力进行，中间又产生了突发的困难。

其一，资金来源断流了；其二，原先计划好的乐队伴奏安排无法兑现了。

组委会的中心人物，几位满怀热情的艺术家，对纪念音乐会的任务目标他们是不会放弃的。可他们大多是一把年纪的人了，这时候是费力又费心。讨论，研究，找人，求助，这是最熬人的一段日子。

《雷琴通讯》报道：

老一辈音乐家在本次活动中展现出的工作作风，艺术精神，保证了本次纪念活动的高质量完成。

整个活动食宿条件是非常俭省的，而几位老先生，高龄之躯，与大家同吃同住，并且忍着病痛，参加排练演出，主持节目，挤出休息时间，悉心为学生指导，为学会捐资。

会长冯卉老师，还有汤良忠先生，他们不是雷琴专业人士，然而他们为这次活动，从策划到具体实施，在参与处理各种关系、艺术质量把关、音乐会主持、舞台监督多方面付出了巨大的辛劳，点点滴滴未能尽数。

老一辈音乐家都已七八十岁高龄，仍然为民族音乐事业拼搏不息，令人由衷敬佩，他们的奉献精神值得年轻一代认真学习，继承发扬。

通过冯卉和汤良忠的多方斡旋，最终将资金、乐队伴奏等事项一一落定。

纪念音乐会的演出推迟至 11 月 28 日举行。

在大型纪念音乐会之前，还有一系列其他活动。

4 月 24 日，宋东安参加了由中国音乐学院主办的"中国弓弦艺术节"演出，独奏《凤还巢》。

11 月 20 日，王华杰参加了中央音乐学院举办的"第二届北京胡琴艺术节"的演出。他的独奏曲目是京剧《铡美案》选段。

11 月 26 日，王华杰和他的两位师兄宋东安、傅定远应邀到中国音乐学院做学术讲座。

并且，他们三位都受聘担任了中国音乐学院国乐系客座教授。

紧接着就是最重头的活动大型纪念音乐会。

2014 年 11 月 28 日，纪念王殿玉诞辰 115 周年音乐会在中央民族乐团音乐厅隆重举行。

这场音乐会得到文化部的大力支持，文化部为此划出了专项拨款。

音乐会由中央民族乐团主办，中国音乐家协会雷琴研究会承办。演出由中央民族乐团室内乐团伴奏。其中担任京剧伴奏的，是北京戏曲职业艺术学院的三位教师。音乐会由著名胡琴演奏家刘湘出任指挥。

音乐会由中国音乐家协会表演艺术委员会原副主任、民族音乐委员会副主任、雷琴研究会名誉会长冯卉主持。

出席音乐会的，有中央民族乐团团长齐强、副团长王次恒和陈玉霞，中国广播民族乐团团长张高翔，国际马头琴学院院长、马头琴大师齐宝力高，吉林艺术学院二胡教授甘柏林，中央音乐学院音乐学系教授、博士生导师陈自明，中央音乐学院音乐系主任、博士生导师周青青，煤矿文工团板胡演奏家郭一。还有八一电影制片厂的演员、毛泽东扮演者古云和周恩来扮演者张江山也到现场进行表演。

中央音乐学院和中国音乐学院民乐系、作曲系的师生们出席欣赏了音乐会。

演出的曲目，首先要展现雷琴第二代的阵容。

开场演出的，是王殿玉大师亲自传谱的器乐曲《飞花点翠》，之后是新疆民间乐曲《节日欢乐》。还有王殿玉之子王福立编曲的雷琴独奏《六畜兴旺》、傅定远演奏的《劝君王饮酒听虞歌》和由他编曲的雷琴独奏、宋东安演奏的《凤还巢》。王华杰的独奏节目是碗碗腔《椰林颂》。

雷琴队伍的"新军"人物也纷纷拿出"应试"成果了。他们献上的节目有《奔袭》《智斗》《海岛冰轮初转腾》《做人要做这样的人》《南腔北调大汇唱》《谁说女子不如男》等，表达出后辈对雷琴宗师的景仰和追随，也分别具有他们自己的风格特色。

王华杰的碗碗腔《椰林颂》现场演奏谢幕之际，马头琴大师齐宝力高按捺不住兴奋心情，走上舞台表达祝贺，他跟王华杰握起手来激赏不已。

最后由雷琴的几代传人全体表演，齐奏京韵大鼓《重整河山待后生》。

来自北京、天津、银川、重庆、广州、香港等地的"老中青少"几代雷琴的传人，济济一堂。

纪念演出获得圆满成功。古老的中国民族器乐里最年轻的雷琴在乐坛上闪亮登场。

前文所述的各位与会专家对音乐会给予了极大肯定。

《中国音乐报》《音乐周报》以及新华网、华音网、中国青年网、解放网、民乐国际等媒体都做了有关的详尽报道。

第二天下午，纪念音乐会的全体演职人员从北京赶赴天津。当天晚上，在南开大学礼堂进行了第二场纪念演出。

在天津演出结束后，为安排雷琴研究会的后续工作，王华杰又在北京坚持了很久。

在几年以后，王华杰回忆起这一段密集的活动，都不知道自己当时怎么能坚持下来的。

带领宁夏少儿民族乐团参加全国比赛获奖

指导学生参加全国艺术比赛

学生获得 10 级证书后合影留念

2013 年与夫人金婚合影

2014 年在中国音乐学院讲学

2017 年中国弓弦艺术节

中国音乐学院雷琴讲座

第八章

长琴之咏延绵

另一场战斗胜出

说到 2014 年 11 月的这场纪念王殿玉先生诞辰 115 周年音乐会，笔者自己是亲身经历的。步入音乐厅的门厅，就看到已经有很多观众到场了。不少彼此相熟之人在轻声地打着招呼，我也跟他们一样激动，很快要跟数年没见的老朋友会面了，在一场演出里相见，一个台上，一个台下。

心里念叨着好朋友的名字，想着很快舞台上将要出现他从容的举止和声音，出现他的表演。我知道，肯定是博得热烈掌声的表演。

我们已经好几年没有见面了。我兴奋而略有一点惴惴不安，不知道是因为什么。

大幕拉开，一切画面与声音几乎都如愿出现了。我跟别人一起兴奋期待，一起静默倾听，一起真情地鼓掌。没错，他还是他。在演出现场，他的演奏，他与观众的交流总是那么自如自信。为我的朋友高兴，为这次活动的实现和演出的成功高兴。

可是为什么，忽然有一点隐隐约约的刺痛在哪里出现了，是什么地方感觉有点不对头呢？

演出过后，媒体的报道出来，一张照片才点醒了我。

这难道还是他吗？

今天出现在人们眼前的王华杰，跟原来那个相貌堂堂身材魁梧的王华杰，根本是两个人啊。原本方正的国字脸现在几乎成了线条凹进的刀条脸。

可想而知，他自己看到这照片也会吓一跳的。

是的，他生病了。以前我也略知一二，王华杰近几年身体不是太好，除了年龄的影响，主要因为他是个糖尿病患者。说起来，这种疾病也是如今的中老年常见病，也是司空见惯了，一般人不会感觉有多可怕。

后来才知道，最近几年王华杰的身体已经扛不住这个糖尿病，各项指标每况愈下。可想而知，这次 115 周年大规模的纪念和演出活动，作为雷琴研究会的会长，从策划组织到自己亲身参加，他肯定是累坏了。

大半辈子都是身体结实、性情开朗的王华杰，近来，渐渐开始被一种难以摆脱的东西胁迫了。他总是觉得有一只看不见的手，从黑暗之处伸出来拉住他，把他拉向他不愿去甚至是惧怕的方向。让他没法走动，让他站不起来。这个阶段不要说练琴了，日常的生活起居都成了负担，吃，吃不好，睡，睡不好，疾病把他折磨成了另外一个人。

眼见得他的体力越来越不行，人也快速消瘦下来，最瘦的时候，原来人高马大 1 米 80 的王华杰，体重竟然只剩下 54 公斤！他知道自己已经皮包骨头前胸贴后背了。那一段日子他不愿意见人，怕把熟人们吓着。他不敢想象，今后的日子，等着他的是什么？对于糖尿病患者来说，这种严重消瘦是一个非常危险的信号。而且在这个阶段费劲巴力各种求医问药，身体没有任何起色。

命运对王华杰还算不薄，他终于看到了一线曙光，有人告诉王华杰，你快去找童安荣去！

童安荣，那是宁夏中医院的一位名医，据说专治各种疑难病症，只要得到他的妙手施治，病人就会有希望，有转机。

孤注一掷了，王华杰想，那就试一试吧，碰个运气吧。他拖着病体，打起精神，来到那家中医院，排队挂号，加入了充满希望眼巴巴等着童医生的那些病人的行列。

那也是他生命中比较难忘的一天。他要挣扎一下，搏斗一下，跟难抗的命运抗一下。

这位医生的门诊是个大热门。传说连自治区级别的领导要找他看病，也都有自己到这里来排队的。一方面这个童医生医术高明，他已经看好了很多病人。另外他讲究医德，责任心很强，无论是有地位的人还是普通老百姓，凡患者他都是一样认真对待，口碑甚佳。

不过这一天，王华杰的运气似乎并不是很好。他和很多病人一起，等了很久很久，奇怪的是，早就到了正常开诊时间了，总是不叫号，医生们也一直不露面。愁苦焦虑的病人们相互打听，纷纷议论，今天这医院是怎么了？到底这是什么情况？

不能再耗着，直脾气的王华杰忍不下去了，他要去看看怎么回事，打听的结果是，所有的医生都正在开会呢。开会？当时正是在正常门诊的时段，医生的岗位应该是在面对病人的门诊室。王华杰直接找到了医院办公室，找能负责的人员打交道。

面对突然闯进来的陌生人，办公室主任充满警惕："你干啥呢？"

"问我干啥？我要问问你们都在干啥？你到外边去看看吧，几百个病人都在那里等着看病，可是你们让医生在里面开会，到底是你们开会重要，还是给病人看病重要？"

医院办公室主任听说有这样的情况，马上就跑出去了，立马安排停会，开展正常门诊。

就这样，王华杰好不容易争取到了找童医生看病的机会。

提着一大包药香浓郁的中药回去之后，转机出现了。

王华杰的每一天，真的就开始不一样了。果然名不虚传，吃了童大神医的这第一服药，就立竿见影。

至此，是童安荣医生在关键时刻解除了他生命的危机。

接着，王华杰的身体眼看一天天好起来。最神奇的是体重，每天称，每天都在增加。从最悲惨的 54 公斤，很快到了 57 公斤，58 公斤……一点一点，其他健康指标也逐渐改善，王华杰和家人这才松了一口气。

经过大约两年，得到中药神奇疗愈的王华杰，体重又恢复到原来的 80 公斤左右，而且，几乎又得开始减肥了。

就这样，王华杰克服了人生中最艰难的一关。王华杰深深感谢童安荣医生，内心永记恩德。

与疾病搏斗之后继续投入艺术的前程，王华杰又信心满满地出征了。

2015 年 10 月 17 日，在上海的贺绿汀音乐厅，举办了一场纪念何宝泉教授音乐会。

音乐会的主办单位是上海音乐学院民乐系。协办的有上海音乐家协会民族管弦乐专业委员会、孙文言古筝艺术中心、上海音乐学院筝乐团。王华杰应邀参加了这场音乐会。

2017 年 10 月 18 日，中国共产党第十九次全国代表大会召开。雷琴研究会两次召开全体会议，认真学习党的十九大精神。

2017 年 10 月，中国音乐学院在北京举办了"北京第五届中国弓弦艺术节"，在这次艺术节上，开展了"胡琴艺术传习及中华传统文化工作坊"和"雷琴艺术传习研修班"的系列活动。

"雷琴艺术传习研修班"集中了潜心雷琴音乐的几代音乐人，展示出雷琴艺术新的局面。

主办单位是中国音乐学院，承办单位有中国音乐学院国乐系、图书馆、艺术实践处。协办的还有中国音协二胡学会、中国音协雷琴研究会。

10 月 27 日，王华杰和师兄弟们在"雷琴艺术传习研修班"授课。上午，做了专题讲座。王华杰主讲的专题是《雷琴的魅力及奥妙所在》。下午，他进行了曲目讲座。

师兄宋东安讲座的题目是《话说雷琴》。

除了讲课，更重要的是老师们现场亲身演奏，用曲目来进行生动具体的琴艺传授。

王华杰给学员做示范的曲目是《苏三离了洪洞县》《做人要做这样的人》《刘大哥讲话理太偏》。

他选择京剧和豫剧这两种传统曲目现身说法，也是想告诉年轻的学子，一定要重视中国传统戏曲对民族音乐、对雷琴艺术的影响和重要性。

10 月 29 日，雷琴研究会与中央音乐学院合作，举办了雷琴专场音乐会："雷琴艺术展示暨传习研究汇报音乐会"

汇报音乐会展示老一辈雷琴传人可贵的精湛技艺，也展现研修班培养后生的成绩。

王华杰在这次演奏中，选择了他最重要的几个曲目：他的原创作品《穆斯林的婚礼》（郝建宁配器），他根据郭富田板胡独奏曲移植改编的《秦腔牌子曲》，还有京剧《智取威虎山》选段《迎来春色换人间》（杨长安配器）。

他的师兄宋东安先生演奏了自己的原创作品《故乡欢歌》，还有京剧《凤还巢》、京韵大鼓《重整河山待后生》选段。

雷琴后辈们也展示了自己的努力成果，不同的个性与表现，是彼此的切磋和交流。

音乐会最后是研修班老师和学员的大联奏。满台弓弦飞舞，其乐融融。大家感受到了雷琴队伍可喜的发展前景。

音乐会上最引人注目的，其实是一位最新加入雷琴演奏队伍的人，宋飞。

这位从国内到国外，频频展示中国民族器乐独特魅力的女音乐家，这时候把手里的二胡换成了雷琴，她演奏的曲目是《豫乡行》，这也是她自己移植的雷琴曲目。

宋飞一直以来对雷琴事业无私的支持，让王华杰特别感动。

11 月 9 日，应中央音乐学院邀请，王华杰来到了音乐学院举办的"王华杰雷琴艺术讲座音乐会"进行讲学。

继 20 世纪 50 年代王殿玉在该校举办专场讲座及音乐会之后，经过了半个世纪，这一回，是在中央音乐学院这个音乐最高学府又一次向音乐学子们展现雷琴：雷琴的艺术特色、雷琴的生态、雷琴未知的将来。

2017 年 12 月 9 日，王华杰应邀参加了在中国音乐学院举办的全国乐器学会研讨会。

参与这次研讨会专场演出的一共有 7 种乐器，雷琴是其中的一种，说明雷琴也渐渐受到重视了。

这是 2018 年的一天，我又见到了好久没见的王华杰。

嗯，这是近来几年中我们最快乐轻松的一次见面了。因为，以往那个熟悉的欣赏的佩服的令朋友开心的充满力量的王华杰，又重新出现在眼前了。

他仍然身材魁梧，相貌堂堂。

还是谈笑风生、嗓子洪亮、中气十足，给交流的对方传送正能量。

这是一场持久战的结果，有关事业和理想的斗争、有关艺术继承和传扬的斗争，还有跟自己身体里那个折磨人的病持久的斗争。

回顾与衔接

时间来到 2019 年，这是王殿玉先生诞辰 120 周年。热爱雷琴、尊崇王大师的音乐后辈和观众们用各种方式纪念他，也以此来进一步发扬雷琴艺术，开拓雷琴的未来。

纪念王殿玉先生诞辰 120 周年的纪念活动是在天津举办的。

王殿玉精彩的一生中，艺术活动最集中的地方，也是群众对他最熟悉的地方，就是天津，一个具备丰富文化底蕴的城市。

天津就是王殿玉的第二故乡。

早年，王殿玉在完成了上海、山东等地的多场演出之后，就落脚在了天津。后来他的弟子们也大多集中在这个地方。

天津是个曲艺之乡，曲艺大家常宝霆、马三立、骆玉笙都在这里演出成名。王殿玉在这个地方的影响也大。

2019 年这次活动，天津曲艺协会以及天津文艺界的专业人士，还有王殿玉的那些老听众都来参加了。来到演出现场的，还有多名盲人雷琴爱好者，他们的热情投入给大家一种特别的感动。

关于 2019 年的这一波纪念活动，媒体还有很多报道，相关信息如下：

2019 年 10 月，在王殿玉的故乡山东省郓城县举办了纪念王殿玉先生诞辰 120 周年的系列活动。

作为王殿玉的亲传弟子，作为中国音乐家协会雷琴研究会会长，王华杰满怀着回到自己故乡的亲切感来到了郓城，他也是王殿玉几代弟子的代表。参加这活动的还有王殿玉先生亲属的代表、王殿玉的长孙王恒。

2019 年 10 月 14 日上午，王殿玉纪念碑揭碑仪式在山东郓城县戏曲文化广场举行。戏曲广场上竖起了当地引以为豪的人物、"丝弦圣手"王殿玉的塑像。王华杰和王恒参加了仪式。

领导同志表示：大家一起来深切缅怀王殿玉这位从郓城走出去、为中国民族音乐事业做出重要贡献的艺术家，还要继承起他为之奋斗的民族音乐事业。

王殿玉的学生和亲属代表参观了郓城县曲艺博物馆。

纪念活动的此时此刻，大家特别怀念雷琴大师王殿玉先生，一起来重温雷琴和王殿玉的百年辉煌，就一起再念叨了一番大师的人生与大业：

王殿玉（1899—1964），山东郓城人，民族音乐家、教育家、雷琴艺术创始人。王殿玉二十岁开始出名，被誉为"稀有之奇才、丝弦圣手"。为加强演奏效果，他潜心琢磨，对坠琴进行了改造，创造出一种新的丝弦乐器"雷琴"。

王殿玉与著名民族音乐家刘天华、查阜西等均有交往。

他曾受聘赴燕京大学音乐系讲学。他是边讲边拉琴，还当场用拉奏模仿英语对话，绝妙的表演轰动了大学校园。

新中国成立后王殿玉就职于天津曲艺团，1953 年全国第一届民间音乐舞蹈会演中，他荣获优秀演出奖。

之后，应全国音协主席吕骥之邀，王殿玉到中央音乐学院任教，为国家培养了一批雷琴、古筝、三弦演奏家。他独创的以模仿为主要特色的雷琴艺术，成为艺苑的一枝奇葩。

王殿玉致力于演奏技艺的传承，学生弟子众多，在国内外音乐界享有盛誉，一生培养出像赵玉斋、高自成、何宝泉这样的音乐学院专职教授，还有王福生、宋东安、王福立、翟润田、傅定远、王华杰等一批演奏家。

2019年，王殿玉的亲传弟子王华杰又一次来到上海了。他是应上海音乐学院之邀，进行雷琴艺术专题讲座。

王华杰心中的念头，主要是介绍老师王殿玉，主要是让更多人知道雷琴这个民族音乐项目，了解雷琴事业的过往、今天、未来。

40年前，在1978年的春节，王华杰曾经到上海演出过雷琴独奏，大获成功。

这次2019年，可以重新说说雷琴和上海的结缘了。当地媒体很有兴致地介绍有关雷琴艺术和演出的往事：

1899年，王殿玉出生在山东郓城徐桥村，由于父母早逝，他只得跟随做烧饼包子的哥嫂生活。六岁那年，王殿玉因患天花失明，他的世界就此陷入一片黑暗；生计所迫，他不能待在家里吃闲饭，每天清晨需挂着拐棍、提着篮子串村走巷叫卖烧饼包子，还要忍受被人呼作"二瞎子"。

终有一日王殿玉离家出走，跟着算命先生闯江湖，也跟着恩师学胡琴，一边拉弦子一边唱小曲讨饭。

后来，他向多位民间艺人讨教三弦、二夹弦、坠琴，还有琴书、花鼓戏等，十五六岁时，便已开始单打独斗闯世界了。他到处游走为人拉弦唱曲，住的是破庙马厩，吃的是残羹冷饭。颠沛流离的卖艺生涯，使王殿玉练就了不屈不挠的个性与勤奋好学的习惯。

20 世纪 20 年代初，王殿玉从徐州、蚌埠、南京、无锡一路南下，边行路边卖艺，最后来到上海，开始在大世界游乐场登台演出。

王殿玉知道上海的京剧票友和爱好者很多，他的演奏模仿了谭鑫培、孙菊仙、梅兰芳、马连良、余叔岩、程砚秋等京剧名家的唱段。他又深知地方戏是人们最爱，特地表演宁波滩簧等江南的地方戏曲。一下子，他的雷琴就抓住了上海人的耳朵和心灵。

当时的上海《新民报》称赞他："一支丝弦奏出万物之声惟妙惟肖，五只手指谱成无穷绝调载歌载舞"。

他就地学习，很快在演出里又增加了当时上海流行的中外歌曲和一些电影插曲。

还有一段趣事。王殿玉听了京剧名角马连良的一场戏，之后仅用了几天时间，就在舞台上用雷琴模仿了一段《借东风》。观众叫好连连，演了十五天仍不能收场。后来王殿玉又把这段《借东风》当面拉给马连良求个指教。

马连良听过，拍拍他肩膀："老兄啊，要说意见我还真有一点，您不但把我的优点拉得十分逼真，还拉出了我的不足之处，我能没有意见吗？"开心大笑。

在上海大世界走红后，王殿玉各方面都有了进一步的改观。无论到大城到小县演出，都会受到民众热烈欢迎，再加上报纸的宣传报道，他的名气越来越大。

每到一地，王殿玉都要举行一两场义演，赈灾或是助学。他说："我是'窝窝头'出身，知道穷人的难受，很想做一些公益事……我是没眼的人，可是我偏要做有眼的事；我希望有眼的人，千万别做没眼的事。"

还有另一个故事呢。有几天王殿玉一直在自己住地练习一首《孟姜女哭长城》的曲子，结果有陌生人来敲门了："先生啊，你不要再拉了呀。"原来，楼上有个失去了丈夫的女人，一听到他悲情的琴声，就触动伤痛哭得止不住。

名声大作，于是王殿玉有机会结交了不少学者和艺术家。他向刘天华、娄树华、查阜西等名家请教，不断提升自己的文化修养。他还尝试用雷琴演奏西洋乐曲，将巴赫、贝多芬、柴可夫斯基的作品嫁接到民族音乐中来。他也很关注电影里的流行歌曲，《渔光曲》就是他的保留曲目之一。

除了雷琴，王殿玉还精通三弦、坠胡、扬琴、古琴、古筝等民族乐器演奏。

在民族乐器改造方面，除了将坠琴改造成雷琴，王华杰还制作出一种只靠琴弦调音而不用手指接触琴弦的"小雷琴"，还亲自设计、请人制作了一架二十一弦的大筝和一架有三个8度的大扬琴。

中华人民共和国成立后，王殿玉参加了平原省大众曲艺团，1952年，他在天津加入了红风曲艺社，后来进入天津曲艺团。

他在全国第一届民间音乐舞蹈会演中获得优秀表演奖，成为中国音乐家协会天津分会会员。

十几年时间里，王殿玉收了不少学生，这些学生后来奔赴各个省、市的音乐学院或剧团，逐渐成长为教授、演奏家、作曲家，再传弟子也有了第四代、第五代，他们在雷琴、古琴、古筝、扬琴等民族乐器的演奏、研究方面成绩斐然。

说了以前的"老王"，再说新来的"小王"。媒体关注到来上海演出的王华杰就是王殿玉的关门弟子，现任中国音乐家协会雷琴研究会会长。对王华杰也有概括的介绍：

王华杰，祖籍山西。1955年，十四岁的他正在天津上学。因与王殿玉的儿子同校，经常去拜访王殿玉先生。在经过面试和为期一年的考察后，王华杰在几位音乐前辈和师兄的见证下正式拜师，成了王门最后一名亲传弟子。王殿玉很赏识他的天资与勤奋，一直呵护有加，将毕生所学倾囊相授。王殿玉人生中的最后几场演出，一直都带着王华杰。

1958年，宁夏回族自治区成立，政府动员各地优秀的文艺团体及艺术人才支援边疆。

王华杰跟着国家民委组建的文艺团体到了大西北，在塞北江南扎下根，成为将雷琴、古琴、古筝等民族乐器带到宁夏的"第一人"。半个世纪以来，王华杰先后在宁夏杂技团、宁夏秦腔剧团、银川市歌舞团、宁夏歌舞团等单位工作，随剧团走遍了宁夏的山山水水。

关于王华杰在上海音乐学院的"雷琴艺术"专题讲座现场，媒体是这样描述的：

那天下午，秋阳正好，淮海中路两旁的梧桐树一片金黄，报告厅里座无虚席，绝大多数听众都是第一次看到雷琴"本尊"，第一次听到雷琴的声音。

说到《穆斯林的婚礼》：

这首曲子虽为神来之笔，却也来源于生活：1982年王华杰赴新疆慰问演出，一天，他与当地维吾尔族乡亲的一场婚礼不期而遇，迎亲仪式中新娘与父母离别时那种又欣喜又难舍难分的复杂表情深深地打动了他。当天他就有了一首三段式器乐曲的主旋律，又用两三天时间编写好乐谱。《穆斯林的婚礼》充分体现了维吾尔族的民族风情，也彰显出雷琴的独特气质，旋律激昂动人，具有很强的塑造力和抒情性，一经推出，就赢得一片好评。

在上海音乐学院的讲座上，王华杰对雷琴的发展历史、艺术地位、审美特征进行了系统阐述，还演奏了京剧《苏三起解》《铡美案》选段以及印度和巴基斯坦的电影插曲《丽达之歌》《永恒的爱情》等，现场气氛十分活跃。

王华杰很激动："我很快进入了如痴如醉的境地，仿佛感到王殿玉先生的在天之灵俯视着我和芸芸众生，我更加坚定地认为，此生为雷琴事业付出是值得的，更是荣耀的！"

但是，王华杰又很感伤，距王殿玉先生来上海演出已经九十多年了，王门弟子只寥寥数人，能上台演奏的更屈指可数。

快要成了"濒危物种"和"活化石"的雷琴，不能就此沉寂，应当得到更多人的重视，努力传承下去。

2019 年 月 21 日，王华杰来到浙江音乐学院，进行一次雷琴讲座。

这里的学生对雷琴的了解实在还是太少，这次就算是一个开端吧。

王华杰为大家示范演奏了《永恒的爱情》和《做人要做这样的人》。

最后说一下比较近的事情吧，已经是 2021 年了。王华杰说起上海音乐学院也刚刚给他寄过来了客座教授的聘书。

我说，那你还要做好准备，再去给年轻人讲课哦。

王华杰还得继续讲雷琴的课，办雷琴的事情。

雷琴还得抢救

"目前从事雷琴的，有我们第二代的老的这几个人，我师兄傅定远、宋东安，还有我，三个人。我这边第三代的有：许瑞、何洪禄、王瑞英、许跃、张朋。搞雷琴专业的有好多人已经退出这门行业，没有人了。雷琴专业现在是全国总共也超不过十个吧。还有哪门乐器会这么冷？可怜不？不抢救马上就失传了。"

这是王华杰近年来经常的慨叹。

雷琴艺术经历了快一个世纪的发展，按说应该如其他艺术门类一样，队伍不断壮大。但今天局面还是不容乐观。

王华杰和他的师兄们，还有几位为数不多的年轻雷琴传人，这么多年来，一直也没有忘记1999年李焕之先生给出的沉重敲打和警告：

"如果雷琴真的就在你们这一代失传了，你们怎么对得起九泉之下的王先生！"

外界的人们也是不知就里的，雷琴怎么老是那么冷清？其实不是王华杰他们不经心，不是他们不想带出更多的弟子，实在是雷琴这门乐器有它自己的"各色"和难处。

雷琴对学习者各方面的要求都很高，高到有些苛刻。

首先，跟所有音乐专业要求的一样，音准、节奏感、乐感、艺术表现力，这些基本条件一个不能差。

此外雷琴对它的演奏者还有一个特别要求，就是手臂要足够长，当然，相应的本人要有一定的个头。音乐基本素质就是再好，如果连手都够不着弦上的音位，谈何演奏。

雷琴的特殊结构和演奏方式，也加大了它演奏的难度。

雷琴的有效弦长是 125 厘米，与西洋弦乐器中的低音贝斯等同。

如果将这两种乐器的演奏方式具体对比一下，就明白了。

贝斯有四根弦，用四个手指按音演奏。而雷琴只有一根弦，只用一根手指按弦。

贝斯乐器与演奏人全身等位，按弦拉弦动作方便。雷琴的演奏方位全部在演奏人上半身区域。

贝斯担任低音声部，基本只是演奏根音，变化少，节奏密度不高。而雷琴是演奏密集的主旋律，变化多，经常还有高速的表演。

这么大的难度差距，雷琴是何其难哉！

再加上雷琴音乐的表现方式有诸多特别，学习难度就更大了。学起雷琴来，在过程里的相当长一个阶段，往往是又辛苦又枯燥又没进展，就很容易造成半途而废。在王华杰他们这些年招徒弟教弟子的过程中，不乏这样的半途而废。

20 世纪 80 年代，宁夏永宁县有个年轻人主动投师王华杰门下，来到时候他也是决心满满的，也下了一段苦功，但快到一年时，实在难以坚持，就此放弃。有个北京的小伙儿，找王华杰的师兄拜师学艺，也是得了个偃旗息鼓的结果，他说，实在是太苦了！

适合学雷琴的人选确实难找。年龄太小的，根本够不着琴。年龄相当的，个头不够手臂条件不行的照样是不行。好容易有个音乐基本素质和身体条件也符合的，年龄又偏大，没有长远的发展空间。

1997年，王华杰在报纸上发布启事，公开招收雷琴和古琴学生，报名的也不少，但一个个细选下来，没能够从中找出符合条件的。或者说，总算相中了培养对象，如果吃不了苦，没毅力，坚持不到雷琴的巅峰。

王华杰自己演奏雷琴，这时候也有四十多年了，他对自己天赋的自信是毫无疑问的，可是王华杰总说：

"老问我有啥窍门。没有！就是勤学苦练。"多少年了，王华杰只要是快上独奏节目了，就要抱着琴反复练习，哪怕是演出过多次的老曲子。

雷琴的困局，如何来解？

王华杰说：

"首先，雷琴应该成为一门正式的专业和学业。这就很像中医这一行，这其中民间是真有高人的，但是如果他没学历没资质，他就不能正式行医。"

雷琴也是这样。

也就是中国音乐学院和中央音音乐学院等专业院校，近年开始关注雷琴了，关注雷琴艺术的传承发展。已经组织了好几次活动，有一定的规模，也是有效果的。说明"学院派"开始重视了，比如中国音乐学院的宋飞，她本人也在体验和拉奏雷琴。

最主要的，这些活动引起了音乐界年轻一代对雷琴的关注，有一定的引导作用。

也可能，这样慢慢地，会不会像刘天华当年，在杨荫浏的帮助下让二胡进入了音乐学院的专业。

一种乐器，在正规教育系统之外，是没有办法健全发展的。

发展，就要进入主流的音乐教育的体系，这是非常重要的。

如果仅靠民间，雷琴无法扎扎实实地传承下去，更别说发展了。

如果能实现，这一定也是个漫长的过程，不是说是三年五年，十年八年就能解决问题的。

在有生之年，自己和雷琴研究会，要做这方面的努力。在文化部门和有关专家协力支持下，能在二三十年间，让雷琴进入院校，还不算太晚。

至少，中国音协还有个雷琴研究会，雷琴还有一个基本的支持，有希望有信心去实现目标。

再不加快步伐和力度发展雷琴，这样下去，总有一天会没人拉雷琴了。

打王华杰的电话，常常是打不通的，因为他总是在练琴。二零二几年了，王华杰还在练琴，天天都在练琴。

"现在年纪大了，体力跟不上，状态肯定没有年轻时候好，但是对这把琴，好像更能看得透了。以前想不到的一些方面，忽然明白了。"

对雷琴艺术的表现，王华杰有了更多和更深的领悟。

"有乐队伴奏，跟没有乐队伴奏，是两回事儿。现场有伴奏了，当然是气势比较足，气氛比较热烈。"

但是，没有乐队伴奏呢，也有另外的好处。在音乐学院讲学的时候，伴奏临时出了问题，伴奏卡带了，没法伴奏了。

没办法，像清唱一样就"清拉"，结果还有想不到的效果。雷琴本身的声音出来非常细致，表现更自由，更丰富一些。有的听众反映："这样没有伴奏，其实反而更好。"

所以，王华杰的雷琴演出，在使用伴奏方面并不拘泥于一种方式。

因为雷琴特有底气，就凭自己拉，永远都是返场再返场，这简直是铁律。

王华杰是三个孩子的父亲，而雷琴就像他的另外一个孩子。

他知道自己和所有的人类一样。

他的思维、他的身体、他的拉琴的手、他的讲课的声音，虽在年高，依然强健。

人，终归只能是越来越老。但是他不怕，因为他知道雷琴依然年轻，会随着岁月而焕发。他总在想着雷琴的今后岁月。

跟师兄弟们讨论，觉得这个雷琴，要做好传承。但是呢，一定要有发展，没有新的发展，就是死路一条。

首先，王华杰当然是把得住雷琴最起始的最根本的立足点。

"为什么拉这个戏曲受欢迎，因为雷琴的表现特点，它表现戏曲，确实比表现一般的乐曲和歌曲效果要更好啊。戏曲还有明显的地方特色，而且它唱腔上，有它的风格，有它的特点。"

所以雷琴演奏模拟戏曲唱腔，如果掌握了戏曲各个流派的特点，让现场众听众接收到他们熟悉而喜爱的信息，就一定会产生亲切感。尤其是有名的戏曲流派，比如梅兰芳、程砚秋，他们的唱腔，大家都特别熟悉，你学得像，能掌握他们的风格，观众怎么能不喜欢呢。

雷琴那些年的演出当中，戏曲节目一直比较受欢迎。

然而，从老世纪末到新世纪初，大变的世情使得音乐"行情"也大变。

"这两年就不行了。特别是年轻人，喜欢流行音乐的多。现在真正看戏的人少了很多，那么有兴趣听你拉戏的也就少了很多吧。"

所以，除了保留雷琴最基本的模仿再现戏曲声腔的特点之外，雷琴发展更广阔的道路就是要器乐化。

"我想是需要器乐化的。在传统的基础上保留雷琴的这个声腔化，还在这个基础上，更广泛表现现代生活，所以对现代音乐，只要群众喜闻乐见的，我们就要涉猎。雷琴要器乐化，这是它最后必须要走的一条道路。

所以这些年，在表现戏曲之外，我还开发了其他各类雷琴曲目，包括一些外国歌曲。通过这些新曲目演出，我自己也感觉，对个人有很大提高，接触了更广泛的音乐，也了解了世界各地的风土人情。

比如说现在对印度音乐我就比较喜欢。他们的音乐有特色，印度音乐全世界都喜欢。

咱们是宁夏回族自治区，我们应该是中国的伊斯兰文化集中地之一吧，那么我们面向阿拉伯国家有较多的文化交流，在创作中，对巴基斯坦的、阿拉伯国家的音乐，我近些年一直在研究，所以我搜集了很多很多阿拉伯国家的民间音乐，也丰富了我对这些国家音乐素材的了解。

那么《穆斯林的婚礼》这个原创曲目录制以后，在中国广播电台播出，反响很强烈。我得到反馈就是那些听众很希望中国宁夏的音乐家能写出更多的有穆斯林特点的音乐作品。所以这对我鼓励很大。

通过对其他国家音乐的研究呢，自己也有不少提高，就是你了解了一个国家的风土人情、民间音乐的特点、真正原生态的东西啊，对自己将来的创作追求，有很大的帮助。

所以我想，有机会的话还是要写曲子。我是个搞演奏的，不是搞作曲的，写起来比较有困难。但是还是要写，如果从那时候一直写到现在，我觉得就好了，是吧，这个我想有生之年，尽量争取再写一些东西。"

希望能有政协提案

对年轻的后辈有什么希望呢？王华杰说：

"现在民族乐器中雷琴是最年轻的，到目前为止，也就是100年的历史，是吧，所以它还有待提高。

不仅仅是表现内容和方式的扩展，乐器本身也需要改良和完善。

我早就提出了这个雷琴的标准化，到现在雷琴乐器的各项具体规格，还没有一个统一的标准。

这个我要特别强调，雷琴这个乐器必须标准化。系列化还得往后再说。

2017年，我到中国音乐学院和中央音乐学院讲学之前，我做了三四个月的准备工作。

这其中就包括组织制作乐器，下单子新做了一批雷琴。

我对现在拉琴者一般的身高、手臂长度，还有琴本身的音域、有效弦长，做了一番详细研究，先定出了一个基本的标准，交给乐器厂家，请他们按照这个标准，做出一批雷琴来。

这些新做的雷琴大部分都已经在中国音乐学院的学生手里了，他们正在试用和使用。在几年之后，我会收集他们的反馈，征求意见，在这个基础上再做改进。

一个是要标准化，

还有一个就是要系列化，

现在，这个琴，也像是武器和劳动工具，要进化，不能再用'苗子'枪、镰刀锄头了。

就希望雷琴将来能够标准化，你不标准化，将来写了教材也没法教没法练。

不统一不行。连琴的把位都不一样，每一个人一个琴，每个人一个尺寸，五花八门的，那雷琴还怎么普及呢？

现在做琴的师父们也都说了，王老师您的想法太正确了。为啥呢？我们做琴都不好做，每个人定做的时候尺寸都不一样，标准化说实在的，只有你们这一代能赶快定下最好。你们这一代如果说没有定下的话，以后就不知道何年何月了。

所以我也特别着急这个事儿。

标准化还需要获得有关专业部门的认可。不能说，我们自己说的标准化就标准化，经过测试，由权威机构鉴定后才能制定。

雷琴的这个标准化，我觉得是我这一生中最重要的一件事情，争取能完成。

如果完不成，也希望后辈能把这件事情做好，这样才能使雷琴得到更快的发展，提高，这样才能跟上这个社会，跟上这个形势。"

王华杰仍然像以前一样特别在意与观众的交流：

"你能总是想到用观众的爱好去创作，去演奏，这样就容易被观众接受。我在演出中，常常接到现场观众递上来的纸条，请求加演出他们喜欢的节目。有的是头一天看完第二天还来。我知道自己的雷琴受欢迎，也是因为咱们中国戏曲受欢迎。在很长的历史时期里，广大的老百姓都是耳熟能详。所以我们雷琴以前拉的戏曲比较多。尤其是我，国内主要的地方戏，我都涉及了。"

王华杰是酷爱中国音乐和东方音乐的，但他也关注和借鉴着西洋音乐，这也是受到了师傅王殿玉的影响：

"至于其他国家和民族的音乐，老师他受的影响比较大。我们老师并不排斥西洋乐器，相反的，他对世界上的很多交响乐团特别喜欢。那时候，他每天4点45分准时听中央广播电台播放的交响音乐。我们也受老师的影响。

在宁夏这些年，各文艺团体的西洋乐器，包括宁夏最好的钢琴，还有电声乐器，我们都在雷琴演奏中引进使用了。在全国都是最早的吧，都是我们引进的。

我们应该像毛主席说的那样，'古为今用，洋为中用'，这句话是很准确的。"

王华杰反复强调着抢救雷琴艺术的重要性，哪怕是喋喋不休了也得说：

"在我们师兄弟退休以前，雷琴在全国也就这么三个人。现在我们退休已经十几年了，雷琴专业后代还是那么少，一般群众对雷琴很少了解。尤其开放以后，流行音乐进来以后，民族的传统东西往往是缺少继承，雷琴就更少了。

在音乐学院讲学，我问现场你们有谁这样近距离接触过雷琴，没有。只有个别人在广播里听过。更多人完全不知道。

古琴是中国乐器里最古老、最深奥的。而雷琴是最年轻的。所有民族乐器辈分都大，到目前为止雷琴的辈分最小。

从某一方面说起来，雷琴是小众乐器。

这就是，这仍然是雷琴的现实啊。

搞民乐的，对这个更关心。搞西乐的就不会那么关心了。知道雷琴的很少。其实还是要更多的人关心雷琴。

我跟师兄弟们在传承方面大看法是一致的。但我个人认为这个传统的技术需要发展，我是特别强调发展。

除了拉传统的那些曲子，就是要有新的作品。

要有自己的作品，我跟他们老说，我说这个雷琴如果老停留在模仿这个地方，不行。

一开始我也不是太明确，我想人类的发展好多方面不也是从模仿开始的吗。

可是光模仿不行啊，模仿只是初期，发展下去，就必须有自己的东西。

没有自己新的创造和作品，雷琴的生存就面临危机。

雷琴现在为什么冷，跟你说，这都是实际情况。雷琴实际上被音乐界边缘化了，没办法，凡是大的活动，根本想不起雷琴。一般情况就是这样。"

"雷琴演出的录制，过一段时间就会播出一下，这是一种面向大众的传播。

而中国音乐学院资源库录制的雷琴资料，这是一种文化的保存。除了演奏曲目的音像资料，还有很多文字内容：有关雷琴，有关创始人，以及我们师兄弟三人在论坛上的一些讲话，完整齐全。这是比较权威，也很真实的资料。

但这些东西是不会往外传的，一般人是看不到的。

关于雷琴，我就说，不能太乐观，要看到它的不足的地方，想办法怎么去解决。只是都说了一些不足，大家都不去做，那就完了。

不过有一点，我们也可以暂时盲目乐观一下，不管怎么说，说实在的，雷琴还是受欢迎的。

比如在宁夏，无论单独演出，跟两个团演出，还是跟三个团演出，或是加入一个综合性的演出，只要有雷琴这个节目，它都是最受欢迎的节目。

西北音乐周我参加了两届，一次在银川，一次在西安。在西安那次，西北五省的节目，人家说了，最受欢迎的有两个，一个是雷琴，一个是青海花儿。

你说雷琴这个乐器，在大范围内，知道的人少，就是小众的乐器。但在熟悉的人群里，它的生命力强，接地气，就是在群众的这个喜爱当中，这么说，它又是大众的乐器。"

1985 年，王华杰随中国艺术团从美洲、非洲、欧洲演出回来之后，他感到自己多年来致力于雷琴艺术的传承和演出，也已经尽其所能，他觉得能做的事情也都已经做到了，觉得自己也可以安静一段，休养生息。同时也致力于民族器乐其他方面的工作。

他的雷琴也该可以谢幕了，王华杰曾对外界表示，从现在开始，我的雷琴再也不会上舞台了。

王华杰预言："从这时候开始 10 年左右吧，顶多是 15 年的时间，那么宁夏的舞台上也不会再见到我拉雷琴了。"

可是谁又能想到啊，在长长的 30 多年之后，在 21 新世纪 20 年代的今天，王华杰仍然没有放下手里的这把雷琴。

他实在是放不下雷琴，放不下民族音乐这项非常宝贵的事业。

因为雷琴需要更加扎实的传承，雷琴艺术需要发扬光大。

他的念想和思维围绕着雷琴，离不开的：

音乐的发展如同一切文化的发展，从来都离不开吸收新的形式及内容，在中国文化与世界文化交流空前活跃的今天，我们要更加具有开拓精神。

一方面是要让雷琴更多地走出去，让雷琴艺术有更多生长的土壤。

1982 年王殿玉先生之子、著名雷琴演奏家王福立先生在美国和加拿大演出，获得了极为热烈的反响与赞誉，这是雷琴走出国门的第一次，让外国观众可以领略到中国雷琴的神奇魅力。1985 年及 1994 年我本人在北美、欧洲、非洲多个国家演出的过程中，也一次次亲身体会了雷琴对国外观众产生的强烈吸引力与新奇感。从对雷琴的喜爱到对中国文化的景仰，异国观众反响之热烈，不到现场是无法想象的，确实令人振奋和感动。因此我们深感雷琴艺术应该成为以文化向世界展示中国悠久文明与现代形象的窗口之一。

当前，我国对外文化交流空前活跃，文化的国际影响已经从西风东渐趋向于东风西渐，这正是一个良好的契机。我们应该策划和组织雷琴更多的对外演出，让雷琴在世界上更多的地方展示出东方文化的力量，这也是多年以来王殿玉先生心中的一个理想。

另一方面要让雷琴在继承的基础上从表现内容、演奏技术等多方面有新的开拓与发展，适应新时期观众审美的需要，赋予雷琴新的活力。

在表演实践中不断提高，同时也要在专业队伍中提倡开展必要的学术讨论与研究。比如演奏技法，各位弟子各有所长，可以坚持自我，也可以彼此借鉴。

雷琴今后发展的主要方向，应该是以传统的仿声乐化表现为主，还是应该以器乐式表现为主，这是一个有争论的课题，应该更充分地展开讨论。

在雷琴教育过程中，除了最直接的口传心授，还应引导学生加强对音乐基础理论、民族音乐传统的系统学习及对多元文化的了解。这些都会有益于雷琴艺术的健康蓬勃发展。"

不光是关心雷琴，对其他民族乐器，王华杰也一直很细致地关注着："我这一辈子，我看到的古筝，最漂亮的，就是当年我在天津花 60 块钱，给我师傅买的那台古筝。这台古筝曾经拿到中央音乐学院当展品。但现在，不知道哪去了。这个琴，现在不知在哪里。不过琴上那副琴马和指甲，都留下了。还在王殿玉的孙子手里保存着。我告诉他，无价之宝啊，千万要保存好。"

王华杰谈起日本的古筝，认为可以提供借鉴和参考。

中国古筝传到日本以后，在日本有了一点变化。日本音乐人在古筝的演奏中，对指甲的用法，做了改良，弹出来的效果是颤音的幅度加大了。王华杰认为像这种改良，是可以接受的。

"弹出来这个颤音就不同了，幅度加大了，这种改良是对的。"

我面前这个王华杰啊，一说起乐器，就会沉迷其中滔滔不绝。

他关注各种各样的乐器改良：

"对乐器改良，当前音乐界有各种不同观念。比如古琴，有人认为可以把它进一步改善，不过，已经申请了非物质文化遗产，必须保持原貌。

有人制作了一种蝴蝶式古筝，到现在有 20 年了，还是得不到认可。

国内现在还出现了转调古筝。传统的是手工操作，可以实现转调。而新方法，使用特制的机械，按键解决。

第一台配备了转调装置的改良古筝，是在营口乐器厂制作出来的。后来在苏州也有了转调古筝。

再后来上海音乐学院的我的师哥何宝泉改制出蝴蝶式古筝，两只手可以在两边弹琴。"

王华杰的女儿王勉也试用了蝴蝶式古筝，她用这款改良古筝弹奏《四小天鹅》，居然是很方便的。

这种新型的改良古筝，王华杰也已经从外地引进了宁夏。

关于这种转调方式，有一些争议也在意料之中。到目前转调古筝在音乐院校还没有被引入专业。音乐学院如果没有给予肯定，正规化还是实现不了。

"要是问我对转调古筝啥看法，我觉得这种尝试应该支持。"

是啊，如果没有当年王殿玉对坠琴的大胆尝试，何来今天的雷琴？

"雷琴如果能进入音乐教育就好了，雷琴发展只靠民间流传不行的，能有个政协提案就好了！"

他说了好几遍，可见切切用心。

结束和不结束

对各个领域的感知和表达，每个人都不一样的，所以笔者曾经认真地对王华杰强调和说明：

"为了把你的传记写得活泼一点，有些地方我把自己也代入了，总觉得第一人称的叙述，更有真实感和切近感。"

"首先，这是你本人的故事，你能信任我，我很感荣幸。第二，这毕竟也是我的文字，我要有些更自如的方式。第三，总之还是为了让你的艺术成就表现得更生动更立体一些。"

他说："没问题啊，你喜欢怎么写你就写你的好了。"

但最重要的是真实，所以写好一段，我就请他本人核实补充。就这么他说一段，我写一段，他看一段，我改一段。有时需要文字资料，他妻子潘敏慧也帮着做功课。

他提供，我整理我写，语音和文档资料已经数百上千份了。这样的过程居然延续了一年又一年，我真想不出有几年了。

为什么延续了这么久？

是因为王华杰常常有演出、讲学等各种艺术活动要进行，不得不阶段性地中断我们的交流？

还是因为笔者的文字功力不灵，所以工作进展这么慢？

不，最关键的并不是这些。

是因为，他一定要把雷琴的艺术价值更多地告诉大家，要把自己真实的艺术体验告诉大家，关于雷琴，关于中国的民族音乐，他的倾诉是源源不断的；关于谬误，他是不可容忍的；关于雷琴，他有说不完的话。

而我，也越来越多收集到新的资料，关于王华杰，关于雷琴，也有写不完的要表述。

笔者虽是局外人，但是这几年除了自己的生活，我没有对别的事情比这项写作投入得更多了。以往做了大量文字工作，包括写作出版自己的小说，都远远没有花过这么大的力气。

这段写作，可能成了我人生的一个阶段。

后来我才彻底明白了，这根本的原因是我和王华杰都有一个毛病，就是过于追求完美主义。要求太高了，有的事情反而做不成。到现在我才知道，最重要的是把事情做成功啊，而不是什么"十全十美"。

可惜悟到这个有点太晚了！

在书稿收尾阶段，我们正在积极讨论中，有一天王华杰说起他最近身体很不舒服，先停几天吧。

那当然，像这样的停顿，我也很习惯了。近来他的状态还挺不错，情绪开朗，声音洪亮，我也没觉得要担什么心。

有一天又来电话了，我准备好接着交流："怎么样，最近身体好多了吧？"

却是他妻子的回答，完全想不到的回答。晴天霹雳！一记痛击！

我完全蒙了。这一天是 2021 年 12 月 7 日。

谁能想到，就在这本书将要结稿的时候，在没有任何预感之中，我的朋友王华杰忽然远离了，2021 年 10 月 19 日。

他病得很重，我怎么就一点也不知道呢。

不久前明明还是生龙活虎侃侃而谈的人啊，就这么消失了吗？尤其令人难受的是，一起努力的事情还没完成。

没有哭，更深的沉痛是哭不出来的。

那个下午，我浑浑噩噩走了出去，我找到了一轮灿烂而忧郁的夕阳，我才懂了。

我拍摄了这个隽永的时刻，这就是我对可贵的朋友专注的追念。

书稿收尾的工作，是王华杰的妻子潘敏慧协助我来完成的。

之前的一段时间，王华杰仍然一个劲忙着雷琴的事情。雷琴研究会的工作、学生的进步、自己的练琴，他一如既往地奋发努力，也就不时地中断有关写书的交谈。

我才知道，别说回答我这边问题了，潘敏慧说，近几年特别频繁的业务活动，无论是演出讲课还是组织工作，王华杰其实都是硬撑着的。他病得很重了，可雷琴的事情他就是放不下，在讲台上，在旅途中，操心着，奔波着，就是放不下。

今天，我和潘敏慧仍然工作着，我们一起继续工作着。

潘敏慧忘不了在最后的时刻，病中的华杰还说："你给我弹个《平湖秋月》吧。"她拨动古筝，他满足地微笑了，跟妻子一起沉浸于音乐的片刻。这样的时刻，他俩的岁月中太多太多。

她继续着丈夫的事业，我继续着跟一位朋友的交流。我们说着写着有关王华杰的一切，有时几乎会产生一种幻觉，总觉得他和他的琴，并没有离开这个世界，没有离开我们。

王华杰夫人潘敏慧说："为了雷琴，王华杰竭尽了生命的全部。"

而在女儿们的世界里，王华杰是一位苦心贴心的模范父亲，他也是友人们心中靠得住的好弟兄。他最小的女儿王琳是这样说的：

　　我的爸爸，你一生勤奋，对事业疯狂追求完美，精益求精，多年如一日坚持练琴，每次回家，在门口听到你的琴声，都习以为常。直到病重无法再拿起心爱的雷琴，你依旧念叨着要练琴。

　　你对朋友坦诚真挚，无私奉献，一直是朋友们的主心骨和灵魂人物，无论大小事能帮则帮，从未推脱拒绝，你将中国人骨子里的善良、真挚、坦诚、尊老爱幼，淋漓尽致地体现在待人接物上，无声的教育影响着我们。

对我们三个孩子，你严厉又疼爱，从未因为我们是女儿而放低要求，反而更严厉更古板，要求我们自尊自爱自强，要有一身正气，不许奴颜媚骨，不可屈尊降贵，不能因为是女子而依附他人。

你管理我们的言谈举止穿衣打扮，细到了发型头饰，从小培养我们琴棋书画以及待人接物。你绞尽脑汁改善家里的生活条件，把每月的工资全部开销在我们身上，三人读书直到大学毕业。你一直说小时候让孩子们受苦了，可是我们的记忆里只有欢声笑语和美好幸福，直到现在，爸爸赞许肯定的笑容比世间一切荣誉更加耀眼，你那句"爸爸的三宝儿"是世间最动听的语言。你就是家里的一座大山、一棵大树，竭尽全力呵护庇佑着我们。

你和妈妈相濡以沫历尽艰苦生死相依，直到爸爸生命的尽头。你临终之时，妈妈握着你的手，让你握紧，在妈妈的声声挽留之中，你的眼角滑落下一滴泪水，那是你不舍得妈妈吧，遗憾未能和妈妈共度下一年结婚60年的"钻石婚"。

亲爱的爸爸，你一生不抽烟不喝酒不打牌，克制自律，坚持锻炼，可是年纪大后生活事业的重负，让你逐渐病痛缠身。每次你病后我们都苦口婆心地劝你好好休息，保养自己，不要再操劳过度，多留下点时间陪妈妈和我们，可你每次嘴上答应得很好，实际根本不听，依旧倔强执着，依旧操心着雷琴事业。你的一意孤行让你病痛加深，最终离开我们，离开了你的生命啊！

爸爸，我们一定会照顾好妈妈，你放心地在天堂享乐吧。

这下你就不操心了，好好休息吧，我的傻爸爸。

可能也只有这时，他才能好好休息，彻底休息。

也正是女儿对父亲，才会这样令人心痛地表达安慰。

2023 年的今天，王华杰的爱徒许瑞和大家一样，许久都不相信王老师已经离开了：

说起我和王老师的师徒之情，有太多的遗憾和难过，一时间都不忍触及。

以前只知道王老师是宁夏著名的雷琴演奏家，虽然已经跟着他学琴了，交流却还不是那么深入。2009 年的时候，王老师到北京来讲课和演出，我曾经陪他住在宾馆里，这一次可以近距离接触，就比以前更进一步彼此了解了。

一开始最深的印象就是他现场演奏的状态。王老师身材高大，形象很帅，演奏起来潇洒自如。再加上雷琴又是一件体量特别大的乐器，在中国的拉弦乐器当中是最大的吧。气场强大，效果特有感染力。

王老师演奏的时候，拿着乐器在台上，那种状态，那种气质，那种风格，让我感到特别惊艳。他的这种演奏中的乐感和风度，真是不输给那些世界上最高端的演奏家们，比如说那些著名的小提琴演奏家等，所以我就更加敬仰他了，还要进一步了解和接近他。

有一年在读研期间，暑假我回宁夏，这次到王老师家里才有新的发现。这才知道，不只是雷琴，王老师还精通古琴。

古琴这种乐器，在中国传统文化的音乐中，是一个级别最高的乐器，它可以说主要是文人、知识分子修身养性的一种器物吧，古琴在中国音乐里的地位非常高，那么古琴留下的这些音乐文献资料是中国所有乐器当中最丰富的，古琴的音乐美学，也可以看作整个中国音乐的一种指导思想。

让我吃惊的是在哪儿呢？就是王老师演奏的雷琴，这种是纯民间的，就是在民间特别流行的，然后他演奏的这个古琴啊，它又是比较殿堂式的。古琴似乎是知识分子的一个标签吧，而雷琴呢又是来自草根，来自民间。这两者就完美统一到王老师身上了。

因为我在中央音乐学院学习中国音乐美学，学习中对古琴也有所了解，也学了一阶段古琴，虽然我学得不太多，但是对古琴总算是有了一些感性和理性的认识，所以我觉得古琴这种乐器在我们的民族音乐文化里非常重要。我没想到王老师在古琴上也有高深的造诣。我才知道教授古琴是王老师的又一项重要传承工作。

王老师不仅把雷琴带到了宁夏，他又是第一个把古琴、古筝也都带到宁夏的人。

我们的祖师爷王殿玉先生是雷琴的发明者，王殿玉先生不仅是雷琴的创始人，在古筝古琴方面也是技艺精湛，在音乐界他是具有重要地位的多种乐器的演奏家。

而王华杰老师是成功实现了对雷琴、古筝、古琴的全方位继承。在王殿玉先生的传人中，这一点上，只有王华杰老师做到了，无出其右。他为培养这三种民族乐器的后代，付出了多年的心血。

有一次《中国民乐》对老师做采访，在帮着整理资料的过程里我非常感慨。

王老师1958年从大城市来到了我们宁夏，当时这里可是偏僻苦寒之地啊。然后这半个多世纪他就扎根在这里，投身宁夏的发展。

他是一个很了不起的演奏家，说实在的如果他在大城市发展，也许会有更好的机会，但他就是把自己的智慧和毕生的精力都献给了这片土地。

王老师，在宁夏人的心目中是一个大写的人，是一位道德高尚、艺术精湛、具有大爱的艺术家。

1958年他响应党和国家号召，离开天津著名的南开中学，离开恩师王殿玉先生和自己的家人，来到了我的家乡宁夏，支援开发建设，到今天超过了整整一个甲子。60多年了，一个音乐家坚持在文化发展相对落后的西北地区艰苦耕耘。

因此他个人的艺术事业发展是受到了一定阻隔的，但是宁夏人民和西北地区人民却增加了一份耳福，拥有了这么一位出色的大演奏家。

试问做艺术的，有几个人能做到这样呢？

当年王殿玉老先生为什么收他为关门弟子，为什么选中他衣钵相传？这还用说吗？

这是王华杰一位爱徒的心声，也是周边很多人对他的怀念。

王华杰自己，是可以坦然自得地禀告先师王殿玉了："您的徒弟我，做到了。"

他的家人，还有他的兄弟、学生、朋友和广大观众都知道的，这位了不起的民族音乐家王华杰，为了中国民族音乐的事业，于自己生命年华之中，从起步到最后，热忱而无憾地走过了自己的人生。

民族音乐是大家的血脉

王华杰的大女儿王勉，从小沉浸在家庭的音乐环境里，耳濡目染，自然而然，也和爸妈一样，加入了继承民族音乐优良传统的队列。她师从上海音乐学院何宝泉教授和孙文妍教授学习古筝，研习技艺，成果骄人。

现今，王勉已成长为在业界有影响的古筝演奏家，她现任中国音乐家协会古筝理事、中国民族管弦乐学会理事。

王勉的古筝独奏曾多次在全国和宁夏地区举办的音乐比赛

中获得各种奖项，有点数不胜数了。

2016 年她就举办了自己的古筝独奏音乐会。她应邀在中央民族乐团音乐厅和南开大学礼堂演出，受到热烈欢迎，还曾在上海音乐学院与同行切磋琴艺，同台演出。

在艺术道路的成长中，王勉不仅自己努力，还热心培养古筝艺术的下一代，她把教古筝当成了最重要的事业。她在宁夏艺术职业学院担任了古筝专业副教授，创办了学院的古筝社团。

她多次给学生们举办古筝音乐会，要让他们的才艺在"实战"里磨炼和施展。王勉还独立承担和完成了演出需要的音乐编配。

她的学生已经遍及全宁夏和全国很多地方了，学生们频频获奖，有的还考进了高等音乐院校，做老师的她，比自己成功了还要快乐。

她不但教出了很多古筝学生，还在学生里选拔出也能教学生的古筝教师。

王勉为民族音乐里古筝这门艺术，实实在在地做出贡献，多次被评为优秀教师，理所当然。

音乐，可是这个家庭的传家宝啊。

王华杰和潘敏慧有三个女儿。老大王勉继承了音乐专业，老二王威在企业就职，最小的王琳，是在银行工作。

孩子们都有了完美的生活和工作，潘敏慧常在心里安慰着远方的老公：

"华杰，我们都会好好的，你放心吧。"

潘敏慧也要好好继续自己的人生，2024 年的现在，每个周末，她仍然要给多名学生上课教古筝。

王华杰的几位师兄弟，学雷琴和其他乐器的师兄弟们，还有三代四代的徒弟们，也仍然都在忙于民族音乐传承发扬的各种活动，事业还在继续。雷琴会传承的，民族音乐将一路前行和远行。

笔者最想说的是："哥们儿，你可以宽心了。"

2017 年在中国音乐学院演奏

与李门合作表演《打虎上山》

接受记者采访

纪念王殿玉诞辰合影

2017 年在中国音乐学院演出

2018 年上海音乐学院雷琴讲座

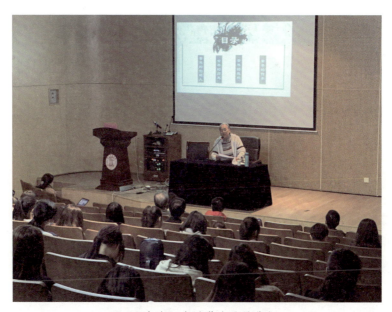

2019 年浙江音乐学院雷琴讲座

附　录

王华杰主要艺术活动年表

1955 年，时年 14 岁，拜民族音乐家、音乐教育家王殿玉先生为师，学习雷琴等民族乐器，成为王殿玉的亲传弟子之一，也为王殿玉的关门弟子。

1958 年，加入支援宁夏行动，从天津赴宁夏银川从事音乐表演专业。先后在银川杂技团、宁夏秦腔剧团、银川市文工团、宁夏歌舞团工作。此后多年，曾到宁夏的所有市县为基层群众演出。

1960 年，在兰州大剧院，个人首次演出雷琴独奏。

1978 年，与上海民族乐团合作，在上海音乐厅、长宁体育馆演出雷琴独奏。

1979 年，参加庆祝中华人民共和国成立 30 周年全国文艺汇演，在北京民族文化宫独奏雷琴。

1981 年，随宁夏歌舞团《曼苏儿》剧组，在四川成都演出。

1981 年，随《曼苏儿》剧组在新疆维吾尔自治区演出。

1982 年，在西安参加"西北音乐周"，表演雷琴独奏。

1985 年，赴加拿大，参加在温哥华举办的"亚太艺术节"和在蒙特利尔举办的"第二届国际艺术节"，演出雷琴独奏，并在多伦多等 8 个城市演出。

1985 年在加纳、布基纳法索、佛得角和法国演出。

1985 年，在中央电视台音乐厅，参加雷琴大师王殿玉先生诞辰 85 周年纪念音乐会（系延迟日期举办）演出。并参加雷琴专业研讨会。

1995 年，在美国的旧金山、洛杉矶、拉斯维加斯、迈阿密、圣芭芭拉、纽约等 30 多个城市演出。

1999 年，在北京儿童艺术剧院参加纪念王殿玉先生诞辰 100 周年音乐会演出，并获得中国音乐家协会主席李焕之有关鼓励雷琴事业传承的专门接见。

2003 年，在宁夏银川宁夏人民会堂参加"绿色环保之光新春双拥音乐会"。

2009 年，在北京举办的"首届全国雷琴演奏艺术培训班"为学员授课，之后在中国音乐学院举办的讲座讲学。

2009 年，参加中国音乐学院《中国传统音乐文化资源库》中第三部《中原和风》之器乐系列的资料录制。并参加雷琴艺术专场音乐会演出。

2009 年，在与师兄宋东安、傅定远一起举办的收徒仪式上，收下自己的第一名雷琴徒弟。

2011 年，为中央电视台音乐频道《风华国乐》录制雷琴独奏节目。

2014 年，参加中央音乐学院举办的"第二届北京胡琴艺术节"演出。

2014 年，在中国音乐学院做学术讲座。这年被特聘为中国音乐学院国乐系客席教授。

2014 年，参加"民族音乐家、教育家王殿玉先生诞辰 115

周年音乐会”，在中央民族乐团音乐厅和天津南开大学礼堂演出。

2015 年，参加上海纪念何宝泉教授音乐会演出。

2017 年，参加在中国音乐学院举办的"北京第五届中国弓弦艺术节"活动，在"雷琴艺术传习研修班"授课。

2017 年，在中国音乐学院做雷琴教学讲座，并在"雷琴艺术展示暨传习研究汇报音乐会"演出。

2017 年，应中央音乐学院"中外音乐文化交流与体验基地"、"音乐孔子学院"邀请，做专业讲座。

2017 年，参加在中国音乐学院举办的全国乐器学会研讨会专场演出。

2019 年，在天津市举办的王殿玉先生诞辰 120 周年纪念活动中演出。

2019 年，参加在山东郓城县举行的王殿玉先生纪念碑揭碑仪式。

2019 年，应上海音乐学院之邀，做"雷琴艺术"的专题讲座，并演奏曲目。

2019 年，应邀在浙江音乐学院开展雷琴讲座。

2021 年，被聘为上海音乐学院客座教授。

历年演出地点

国内：

宁夏回族自治区所有市县

北京市

天津市

上海市

山东省

陕西省

河南省

河北省

甘肃省

四川省

新疆维吾尔自治区

国外：

美国　加拿大　法国　加纳　佛得角　布基纳法索

王华杰个人原创及移植曲目

王华杰个人原创曲目：

《穆斯林的婚礼》

《农家乐》

《羊倌的歌》

《怀念》

王华杰改编与移植曲目：

《秦腔牌子曲》

《丽达之歌》

《拉兹之歌》

《要过节啦》

《云雀》

《永恒的爱情》

《尼罗河》

《查尔达什舞曲》

《地中海风情》

《阿巴顿》

王华杰雷琴表演曲目

其中由王殿玉亲传的曲目有：

京剧《二进宫》

京剧《借东风》

京剧《碧玉簪》

河北梆子《大登殿》

河北梆子《金刚钻》

评剧《刘巧儿》

评剧《祥林嫂》

《飞花点翠》

《酒狂》

《阳关三叠》

《关山月》

《忆故人》

其中王华杰本人开发的雷琴曲有：

京剧：

《荒山泪》选段

《迎来春色换人间》

《奔袭》

《铡美案》选段

《做人要做这样的人》

《细读了公报》

《今日痛饮庆功酒》

《智斗》

《提篮叫卖》

《打虎上山》

《我家的表叔》

秦腔：

《红嫂》选段

《断桥》

眉户剧：

《梁秋燕》

碗碗腔：

《借水》

《椰林颂》

豫剧：

《在绣楼我奉了小姐之命》

《曹姑娘》

《谁说好女不如男》

《谯楼上打四梆》

《银环下山》

《亲家母你坐下》

晋剧：

《喜迎归》

《秦香莲》

吕剧：

《李二嫂改嫁》

越剧：

《十八相送》

评弹：

《蝶恋花》

关于雷琴的问答

1. 关于怎么发展

提问："关于雷琴的传承与发展，你自己有哪些看法和想法？"

王华杰答："我跟师兄弟们在传承方面的看法都是一致的。

雷琴自诞生到现在已经发展了有一百年，目前仍然面临着继承和发展的问题，我们平时经常谈论和研究这些问题。

要发展，首先是要继承，只有在继承传统的基础上，才谈得上发展，最初的传统是特别宝贵的。

雷琴，它是这么一种有鲜明艺术特色的民族乐器，深受群众欢迎的乐器，是咱们民族音乐中很宝贵、很稀有的，决不能让它自生自灭，不能让它失传。

另外一方面，我认为这个传统的艺术和技术需要不断发展，我是特别想强调发展。不发展，死路一条。

如果百分之百按老形式走，不敢突破，那也无从发展。我主张雷琴要有纯属于自己的音乐，要打破单纯的对人声和其他声音的模仿，进入器乐化发展。

雷琴要发展，首先得适应时代，跟上新时代的脚步，适合当代社会和群众的需要，它才有生存空间和发展的前程。

必须有新的作品，新的开发。雷琴，如果老停留在这个模仿里，老是模仿，不行。模仿只是初期的，模仿，它是一个基础，是必要的。但雷琴必须有自己新的创作，有了新的东西它才有生命力。

这些年，我们这些雷琴传人们一直在考虑这个问题，做出了一些努力。

雷琴音域宽，音量大，表现力丰富的优点，要通过雷琴自身的新的作品来体现，我和我的师兄们创作的一些作品，比如我的《穆斯林的婚礼》、宋东安的《故乡欢歌》、傅定远编曲的

《阿凡提之歌》，经过几十年来的演出实践，都得到了广大群众的认可。

但是，作为雷琴自创的作品，形成的规模和影响还是远远不够的。

当初李焕之先生曾提出一个规模较大的方案：写一首雷琴协奏曲。这是一个令人振奋的提议。我们也曾经试行过，由于一些方面条件所限，至今未能如愿。

我们呼吁关心民族音乐的作曲家、演奏家也来关注雷琴，支持雷琴，使得雷琴拥有自己更多新的曲目以及表现领域。

2. 关于标准化

问："你好几次说到，当务之急的就是雷琴的标准化。你说的标准化，是指哪些方面的，是什么标准？"

答："标准化，就是说不管你是制作雷琴的，还是拉雷琴的，大家手里的雷琴，乐器的结构和规格必须有个统一的标准，不统一不行。

就说各种提琴吧，它都有自己的标准，不管谁来拉，小提琴、中提琴、大提琴，都是一样的琴，统一的规格，应该让人去适应这个琴，而不能让琴来将就每一个人。

现在拉雷琴的人本来就很少，还搞成大的大，小的小，每个人一个尺寸，每个人一个标准，那雷琴这门艺术怎么能普及啊，怎么发展？

不实现标准化，雷琴这个乐器的发展就受到影响，极大的影响，对人的培养、对新作品演奏都会造成很大的障碍。

问："雷琴标准化具体有哪些步骤，现在是不是已经开始了，做到哪一阶段了？"

答："现在民族乐器中雷琴是最年轻的，到目前为止，也就是 100 年的历史，是吧，所以它还有待提高。

不仅是表现内容和方式的扩展，乐器本身也需要改良和完善。

我早就提出了这个雷琴的标准化，到现在雷琴乐器的各项具体规格，还没有一个统一的标准。

这个我特别要强调，雷琴这个乐器必须标准化。系列化还只能往后再说了。

2017 年我到中国音乐学院讲学之前，做了三四个月的准备工作，这其中就包括做了一批雷琴。

我对现在拉琴者普遍的身高、手臂长度，还有琴本身的音域及有效弦长，在详细研究之后，定出了一个标准，交给厂家，按照这个标准，做出一批琴来。

这批琴大部分都在中国音乐学院的学生手里，他们已经在试用和使用，在数年之后，我再收集他们的反馈，征求意见，在这个基础上再做改进。

目前，收到的一个比较明确的反馈，来自音乐发展成绩不错的青年雷琴演奏家张鹏。他使用了这种新制的统一标准雷琴，而且是在正式演出中使用了。他说："老师，太好了！"

对这种雷琴，张鹏的亲身感受挺强烈的，认可度很高。主要是我们这一批新制雷琴除了注重标准化，还有一项重要的改良，用上了琴徽。对于雷琴这种琴弦特长，把位特大的乐器，琴徽，肯定是一剂克服弊病的良药。在一些音乐盛典的演出中，张鹏用琴徽体验到了前所未有的成就感。

3. 雷琴的路怎么走过来的

问："一路走来，你对雷琴艺术历经半个多世纪的发展有哪些基本的印象和感悟？"

答："在新中国成立之前，雷琴在穷苦人手里，在老百姓当中产生，它一开始的原始阶段是我师父那一代经历的。好多事情只是听说，有些也根本不知道。

在新中国成立之后，雷琴有了健康发展的机会，因为国家有关文化部门的关注和认可，雷琴被列为天津市非物质文化遗产项目。特别是中国音乐家协会雷琴研究会的成立，让雷琴的发展真正进入了正轨。"

4. 雷琴目前的地位

问："这几年雷琴有多大的生存空间？"

答："实事求是地说，前几十年确实取得了不小的成就。也是实事求是地说，直到现在很多场合，雷琴还是被音乐界边缘化了。凡是大的活动，根本想不起雷琴来。

雷琴好像有两个极端吧。一方面它的乐器和人都是最少的，少到了不能再少了，是稀缺资源，好像成了小众乐器。而另一方面，它又有扎实的群众文化基础，是非常接地气的。雷琴在民间演出，返场是永远的常态。它实际是一种大众乐器。这是不是很宝贵的一种乐器呢？失传了就太可惜了。"

5. 雷琴可能失传的忧虑

问："据说雷琴眼看着快要失传？"

答："现在从事雷琴的，有我们第二代的老的，傅定远、宋东安，还有我，三个人。还有第三代的：何洪禄博士、许瑞博士、王瑞英、许跃、张鹏等。

最近几年，通过在中国音乐学院和中央音乐学院等音乐院校的多次讲学，雷琴引起了音乐教育界和年轻学子们的兴趣和关注。

但雷琴这支队伍还是力量薄弱。

一方面，搞雷琴专业的有好多人已经退出这门行业，更重要的是，雷琴在音乐院校里仍然没有一个专业地位。"

问："那怎么解决呢？"

"首先，雷琴应该成为一门正式的专业和学业。这就很像中医这一行，这其中民间是真有高人的，但是如果他没学历没资质，他就不能正式行医。雷琴也是这样。

一种乐器，在学院以外，是没有办法大力发展的。

发展，就要进入主流的音乐教育的体系，这是非常重要的。

如果仅靠民间，雷琴无法扎扎实实地传承下去，更别说发展了。

再不加快步伐和力度发展雷琴，这样下去，总有一天会根本没人拉雷琴了。

最近十年，中国音乐学院、中央音乐学院，还有其他音乐院校开始关注雷琴这个乐器，举办了雷琴专业的讲学活动和音乐会。中央电视台等媒体也有关注和报道，雷琴这才开始进入音乐界主流的视线。

这让人想起当年民间的艺术家刘天华，他的二胡被音乐家杨荫浏关注，后来一直发展到二胡进入了音乐学院，成了一门专业。如果一种乐器不能进入主流的音乐教育体系，就得不到发展。这是非常漫长的过程，但必须有这个开端吧。

我希望雷琴也能进入院校。按现在的社会条件，跟 100 年前二胡进入院校比起来，困难就小得多了。现在中国音乐学院有些二胡专业的师生，也有在学习雷琴的，但还没有成为正式的专业。这个现状还远远不够。近几年，我已经在中国音乐学院、中央音乐学院等院校进行过多次雷琴专题讲座，让同学能尽量多了解这件乐器。为了发展雷琴，我们搞过几次全国规模的雷琴培训班。

我们希望通过几代人的不断努力，在不久的将来，雷琴能正式列入音乐学院的教学内容。

如果能实现这个目标，这也会是个漫长的过程。可能不是说三年五年，十年八年就能解决的。

在有生之年，我自己和雷琴研究会要坚持这方面的努力。在文化部门和有关专家支持下，如果能在二三十年间，让雷琴进入院校，还不算太晚。”

同行也关切

宋飞女士，著名胡琴表演艺术家、教育家、博士生导师，中国音乐学院副院长、教授，中国音乐家协会副主席，中国音乐家协会表演艺术委员会主任，中国音乐家协会二胡学会会长。

曾荣获国务院颁发的"特殊贡献奖"，获国家表彰的"中青年德艺双馨文艺工作者"称号。

自 1995 年以来，除在中国，她还在亚洲其他国家以及欧洲、北美洲、澳洲等各地各国举办了多场个人独奏音乐会，被誉为世界级的中国弓弦艺术演奏大师。她曾出访全球数十个国家和地区，在纽约卡内基音乐厅、林肯中心、柏林爱乐大厅、维也纳金色大厅、悉尼歌剧院等音乐殿堂演奏传播中国音乐，获得专业界和观众的高度赞赏。

以下是宋飞对雷琴的见解与推崇：

雷琴，是民族拉弦乐器中个性和特色最为鲜明的乐器之一。其历史并不长，但却在几代雷琴人的努力下，为世人留下了丰厚的音乐财富。

作为一个二胡演奏者，我一直关注民族弓弦乐器，也尝试演奏多种胡琴。在关注雷琴发展的过程中，我越来越体悟并认识到，它那鲜活生动的音乐表达，不仅展现出雷琴艺术家高超的技艺，以及用音乐面对生活最朴素本真的追求，也展示出他们过人的智慧和强烈的责任感，更呈现出雷琴在发展中，经历声腔化、器乐化，逐步成熟健康的自我发展之路。

雷琴的演奏，涉及各种戏曲的唱段、脍炙人口的歌曲、不同地方风格的器乐曲、移植的外国作品，乃至生活中自然界的各种声音。这些都展现出雷琴人大胆创新和开放多元的文化意识，

雷琴多元化的发展，离不开一代代雷琴人的努力和智慧，他们为雷琴做出的努力和成就，令我深深敬佩和感动！同时我也看到雷琴人积极努力地在当下的社会环境中去传承传播雷琴艺术。中国弓弦艺术节的胡琴传承系列活动，有幸邀请到雷琴传人演奏家团队，专门进行现场教学和专题讲座，并展示雷琴演奏艺术。此项活动的举办，可以让我们较为系统完整地对雷琴艺术进行研究了解，这是推动雷琴艺术传承发展的重要举措，将对雷琴在当代的发展，起到积极的促进作用。

让我们心怀珍视之情，支持关注雷琴艺术，走入雷琴艺术多彩的世界。

话说中国民乐

提问 A：

您认为，在当代，宁夏的文化艺术发展应当如何规划和推

进？民族管弦乐学会将如何作为？

王华杰答：

宁夏从地理位置看，甘肃在西，东南边是陕西，北边是内蒙古。1958 年以前，火车没通，这里非常荒芜，外地的人和物资进来都是特别困难的。现在交通便利了，从火车、高速路到飞机航线，可以通往全国各地，甚至能直接到达国外的迪拜。现在的宁夏和以前大不一样了，实现了从封闭的宁夏到开放的宁夏的发展。

我跟有关领导说起过，我们宁夏是回族自治区，作为一个穆斯林地区，这里的文化和世界上的穆斯林文化是有共性的。信仰伊斯兰教的穆斯林遍布世界各地，文化也就具有世界性、国际性。现在习主席提出了"一带一路"倡议，正好我们宁夏就处在丝绸之路沿途，这就提供了千载难逢的发展机遇。宁夏和伊斯兰国家在文化上联系越来越频繁，有很多工作需要做。这样能以文化带动经济、以文化助力宁夏的发展，明显看到这几年已经初见成效。宁夏各方面的发展，文化的作用也是功不可没的。

我们宁夏民族管弦乐学会的发展，立足于宁夏经济文化发展这个大环境，这几年民族音乐发展的大环境是很好的，我们希望在这个大背景下，能有更多更快的发展。

除了二胡、古筝、扬琴等大专业，我们还第一次引进了古琴、打击乐等专业考级。民族管弦乐学会除了以考级为抓手，不断推动民族器乐普及教育，还计划开展一些比赛、音乐会，在有条件的情况下，和大中小学校合作成立民族乐团，为普及民族器乐艺术教育做一些实实在在的工作。我们学会还要不失时机地利用宁夏本地的区域特色，开展与中亚的文化交流。

提问 B：

您认为民族音乐文化在当代发展的际遇如何，有什么实际困难和问题，有什么优势和劣势？

王华杰答：

现在这个世界和几十年前很不一样了，多元文化发展，势在必行，这带来了民族音乐发展的机遇和挑战。我们民族音乐正是国外需要了解欣赏的。就像我们引进其他国家和地区的音乐，我们到国外任何地方，也是希望了解当地的独特的民族音乐，而不是别的。我们民族音乐本身的特色，正是其优势所在。对于宁夏来说，宁夏的音乐发展还有很多困难，如果经济相对落后，文化发展也就会有困难。必须得到经济的有力支持。

雷琴与戏曲的关系非常密切。自从学习雷琴，我也就学习了很多种地方戏曲。一般人都觉着地方戏都是小戏，有时会轻视它。我认为我们中国的音乐土壤大多在农村，在最广大的人民群众中，尤其是在丰富多样的地方戏曲里。好多最动听最受欢迎的民族器乐曲，比如《云裳诉》《红军哥哥回来了》《兰花花叙事曲》等，都是来自戏曲里的。像陕西、甘肃、宁夏的地方戏、地方音乐，都是我们音乐创作的素材来源。

地方戏与地方语言分不开，每个省都有地方语言，有了地方语言才有了地方戏。地方戏的音乐都是当地最能代表地方风

与夫人潘敏慧的初次合影

在家练琴

格的音乐素材。我常和学生说，你们要研究我们中国的地方戏曲，它是中国这块土地上最优秀的音乐语言。掌握了中国的戏曲对于音乐的发展，对于音乐表演、创作等，都具有非常重要的意义。我们中华大地音乐文化源远流长，非常丰富，有数不尽的地方音乐都在等着我们去研究，搞音乐的人都能踏踏实实去钻研，我们的民族音乐一定会有美好的前景。

神奇的它

雷琴，这是一款相当独特的中国民族乐器。

它是拉弦乐器，只有一根弦，左手按弦时只用一根手指运作，因为不换手指，演奏发声就有连贯流畅的生动神韵，尤其能展现神似人声的唱腔。

它的表现力又是丰富多样的。它可以独奏，又可以合奏。首先它的优长之处是能够生动传神地模拟人声，特别擅长戏曲唱腔的表现。此外它还能模仿自然界的各种声音，如风雨雷电、虫鸣鸟叫等。甚至还可以模仿其他乐器的音色。

它是中国乐器里最年轻的。

它是中国拉弦乐器里体量最大的。

以上所说是它的原始，它在新时代又发生了变化，新的开拓仍在进行，成果可期，不仅仅是模仿了。

附　言

本书引用了多家媒体资料内容，不及周全注明，谨此一并致谢。

作者